ISF
Furchtbare Antisemiten
ehrbare Antizionisten

Initiative Sozialistisches Forum

Furchtbare Antisemiten, ehrbare Antizionisten

Über Israel
und die linksdeutsche Ideologie

ça ira

Die Initiative Sozialistisches Forum ist ein Arbeitskreis unabhängiger Linkskommunisten, der sich an der Kritischen Theorie orientiert und ein kategorisches Programm der Abschaffungen vertritt. Sie will helfen, einen Zustand abzuschaffen, in dem, wie früher alle Wege nach Rom, so heute alle Wege zum Staat führen.

Veröffentlichungen bei ça ira u. a.: *Diktatur der Freundlichkeit (1984), Das Ende des Sozialismus, die Zukunft der Revolution. Analysen und Polemiken (1990), Schindlerdeutsche. Ein Kinotraum vom Dritten Reich (1994), Der Theoretiker ist der Wert. Eine ideologiekritische Skizze der Wert- und Krisentheorie der 'Krisis'-Gruppe (2000), Flugschriften: Gegen Deutschland und andere Scheußlichkeiten (2001).*

© ça ira-Verlag, Freiburg 2002

Postfach 273   79002 Freiburg
www.ca-ira.net   info@ca-ira.net

Umschlaggestaltung: Volker Maas, Freiburg
Druck: Druckwerkstatt im Grün, Freiburg

ISBN 3-924627-08-8

Bibliografische Information Der Deutschen Bibliothek
Die Deutsche Bibliothek verzeichnet diese Publikation in der Deutschen Nationalbiografie; detaillierte bibliografische Daten sind im Internet über http://dnb.ddb.de abrufbar.

Inhalt

Zuvor: Der Kommunismus und Israel 7
Vorwort zur ersten Auflage: Antizionismus heute 17

*Zehn Thesen über die linksdeutsche Ideologie,
Israel und den Klassenkampf am falschen Objekt* 25

1. ‚Die Linke' und die Linken 28
2. Israel: Projektionsfläche der deutschen Ideologie,
   schlaflose Nächte der völkischen Paranoia 35
3. Grenzen der Aufklärung 42
4. Der Staat und sein Produkt – die Nation 46
5. Warum ‚Zionismus'? 52
6. Warum ‚Antizionismus' Antisemitismus ist 57
7. Das zionistische Dilemma 62
8. Kein ‚Brückenkopf' 75
9. Autoritäre Philosemiten,
   rebellische Antizionisten 85
10. Nie wieder Deutschland:
    Für die staaten- und klassenlose Weltgesellschaft! ... 94

Beschluß 101

Anhang 1

Über die Aufklärbarkeit der Antizionisten
Drei Fallstudien 103

    Giftgas und Pazifismus 105
    Radioten im Dreyeckland 117
    Der antisemitische Professor
    und der antizionistische Agitator 135

Anhang 2

Der Antizionismus als Alltagsreligion der Linken
Zwei Aufklärungsversuche.. 159

> *Andreas Kühne / Andrea Woeldike*
> Der Skandal als Institution
> Antisemitismus im „Freien Senderkombinat"......... 161

> *Redaktion Bahamas*
> Für Israel
> Gegen die palästinensische Konterrevolution!........ 173

Nachweise... 188
Literatur 189

Zuvor:
Der Kommunismus und Israel

Der Kommunismus, so sagt Karl Marx, sei „das aufgelöste Rätsel der Geschichte". Darin besteht es, daß die Spaltung der menschlichen Gattung in Herrscher und Beherrschte, in Ausbeuter und Ausgebeutete im Kapitalverhältnis einen Aggregatzustand erreicht hat, innerhalb dessen zwischen der vollendeten Verdinglichung einerseits, dem Übergang zum „Verein freier Menschen" andererseits, nur noch, wie im Handumdrehen, die Revolution zu liegen scheint, aber dennoch in immer weitere Ferne rückt. Marxisten jeglicher Couleur betreiben, statt dieses Rätsel in seiner Tragik zu denunzieren, statt es also zu kritisieren, seit je das Geschäft seiner Rationalisierung, das heißt seiner Ideologisierung.

Israel ist das Schibboleth jener doch so naheliegenden Revolution; es ist der unbegriffene Schatten ihres Scheiterns. Israel ist das Menetekel, das zum einen (und ganz unfreiwillig) die kategorischen Minimalbedingungen des Kommunismus illustriert, und das zum anderen sämtliche Bestialitäten zu demonstrieren scheint, zu denen der moderne, der bürgerlich-kapitalistische Nationalstaat fähig ist. Wer Israel nicht begriffen hat, wer den Haß auf diesen Staat, den Antizionismus, und wer den Antisemitismus, das heißt den Vernichtungswillen sowohl gegen die in diesem Staat lebenden als auch gegen die kosmopolitisch verstreuten Juden, nicht begriffen hat als das, was der Antisemitismus wesentlich darstellt: den bedingungslosen Haß auf die Vernunft und damit auf die Idee einer in freier Assoziation lebenden Gattung, der hat den Kommunismus nicht als das „aufgelöste Rätsel der Geschichte" begriffen.

Den Linken ist Israel vor allem deshalb ein Graus, weil dieser Staat, weil diese Nation nicht dem Begriff der antikolonialen Revolution oder der nationalen Befreiung subsumierbar sind: es sei denn, man wolle die durchaus terroristischen Aktionen eines Menachem Begin gegen die britische Mandatsmacht als bewaffneten Antiimperialismus fassen. Israel, die „tautologische Nation" (Bahamas), ist überhaupt eine Anomalie, die in kein geschichtsphilosophisches Schema und kein politisches Interesse paßt, weder in das der Bourgeois und ihrer Kopflanger noch in das der Linken und ihrer Theoretiker.

Wie hoffnungslos das Interesse an der Aufklärung und Emanzipation der menschlichen Gattung scheint, wie aussichtslos, geradezu auf Sand gebaut die Perspektive des revolutionären Ausgangs aus der so gesellschaftlich verschuldeten wie individuell verhärteten Unmündigkeit, das demonstrieren jene, deren Geschäft und ganzer Ehrgeiz in der Verewigung der falschen Gesellschaft besteht, gar nicht einmal zu allererst. Von ihnen, den Apologeten und ihren Soziologen, Nutznießern und Ideologen ist tatsächlich nichts anderes zu erwarten als das, was sie jeden Tag in der *Frankfurter Allgemeinen* als Theorie verlautbaren lassen, zum Beispiel am 11. März 2002: „An den Kapitalismus zu glauben heißt letztlich nichts anderes, als an den Menschen zu glauben." Oder an Persil. Der Satz ist so wahr und richtig wie nur noch der, wonach an den Feudalismus zu glauben in letzter Instanz bedeutet, an den Herrgott und seine Kirche zu glauben, hat aber die böse Pointe, das Kapitalverhältnis zu anthropologisieren. So leben die Menschen im Kapital, wie die Ameisen im Staat es tun: zutraulich, ganz unentfremdet und spontan. In ihrem legitimatorischen Interesse allerdings ist die FAZ mit der vollendeten Negativität des tatsächlichen Zustands intimer bekannt als die Linken, die Reform und Revolution zum Programm erhoben haben.

Deren Berufung auf Gesellschaft, auf die Klassen, auf das Interesse wirkt nachgerade lächerlich. Um diese Diagnose zu stellen, genügt nicht nur ein flüchtiger Blick in das Schriftgut dieser Bewegung, in die *blätter des iz3w*, in *Wildcat* oder, für ganz Hartgesottene, in *Analyse und Kritik* oder *junge Welt*. Es reicht schon hin, ihren Ikonen von Jutta Ditfurth über Claudia

Roth bis Sarah Wagenknecht zuzuhören, wenn sie vom Nazifaschismus sprechen. Letztere weiß zum Beispiel, daß „es keine genetische und auch keine historische Erbanlage gab, die die ‚deutsche Nation' zwanghaft und unausweichlich in den Faschismus und nach Auschwitz trieb. Noch hinter der irrsinnigsten Barbarei standen rationale (und nicht ‚nationale'!) Interessen. Krieg und Völkermord waren hochprofitabel; ‚Tod durch Arbeit' sicherte Mehrwertraten nahe 100 Prozent. Die Vorstellungen, die sich diese Linke von einer Welt jenseits von Kapitalismus und Faschismus nur macht, kommen dann in der Frage zum Ausdruck, die in der zur BUKO-Konferenz gestellt wird: „Wie finden wir etwas Besseres als die Nation?" Wo bleibt es denn, das Positive? So gefragt, kann die Antwort nur sein: Das gibt es schon; und es heißt: das Volk. Denn wäre die Antwort eine andere, dann würde man über die Abschaffung von Nation, Staat, Kapital reden, statt über Identität.

Wenn diese Linke über Israel schwadroniert, dann hört sich das nicht minder grausig an. Dabei liegt der Zusammenhang zwischen dem Antisemitismus und dem Vernichtungswillen gegen die zum Staat gewordene bürgerliche Gesellschaft der Juden, gegen Israel, eigentlich auf der Hand: Der sogenannte Antizionismus stellt nichts anderes dar als die geopolitische, globalisierte Reproduktion des Antisemitismus, das heißt die Erscheinungsform, die er in Weltmarkt und Weltpolitik nach Auschwitz annehmen muß. Der Antizionismus ist der aus den kapitalisierten Gesellschaften in die Welt herausgekehrte Antisemitismus. So ist Israel der Jude unter den Staaten; die Verdammung des Zionismus als eines „Rassismus" durch die UNO gibt es zu Protokoll. Das macht: die moralische Verurteilung der menschlichen Unkosten der Konstitution bürgerlicher Staatlichkeit allein am Beispiel Israels führt vor Augen, was die Welt der Volksstaaten vergessen machen will – daß die Zentralisation der politischen Gewalt über Leben und Tod keineswegs die natürliche Organisationsform der Gattung Mensch darstellt, sondern Ausdruck eben von Herrschaft und

Ausbeutung. Dabei ist Israel – und das macht die Kritik an diesem Staat so perfide und muß deshalb immer wieder gesagt werden – der einzige Staat dieser Welt, der eine unbezweifelbare Legitimität beanspruchen kann. Israel, das ist der ungleichzeitige Staat, der entstanden ist als Reaktion auf das Dementi aller Versprechungen der bürgerlichen Nationalrevolution, sowohl als Antwort auf den stalinistischen Verrat an der kommunistischen Weltrevolution als auch in der zu spät gekommene Notwehr gegen den Massenmord an den europäischen Juden.

Was es den gutwilligen Linken, die den Antisemitismus zwar ablehnen und bekämpfen, aber doch an der israelischen Politik gegen den palästinensische Staatsgründungsversuch einiges auszusetzen haben, so schwer macht, die außenpolitische Darreichungsform des antisemitischen Vernichtungswillens auf seine kritischen Konsequenzen hin durchzubuchstabieren, liegt einerseits an ihrer Ignoranz in Sachen Kritik der bürgerlichen Staatlichkeit, andererseits an ihrem Pazifismus, der sich zu einem revolutionären Antimilitarismus so verhält wie der Mahatma zu Auguste Blanqui. Dieser Pazifismus mag, wo er in Ariel Scharon das Remake eines losgelassenen Chauvinismus nach Art des Hauses Franz Josef Strauß oder Edmund Stoiber erkennt, keineswegs auf sein Recht verzichten, wenn nicht am israelischen Staat als solchem, so doch gegen die Politik der israelischen Regierung Einwände zu erheben und Kritik zu äußern. Er regrediert damit auf den Standpunkt eines Pazifismus, der in etwa der Petra Kellys, Thomas Ebermanns und Horst-Eberhard Richters der Friedensbewegung der Jahre 1982/83 sein dürfte. Daß man, wie die Flause heißt, das „Existenzrecht" Israels anerkenne, daß man aber die Regierungspolitik doch wohl dennoch kritisieren dürfe, das wiederholt den Sozialreformismus, dessen diese Bewegung schon immer sich befleißigte. Man tut so, als käme einem diese Kritik nicht jeden Morgen aus den Tageszeitungen jedweder politischer Ausrichtung gleichlautend entgegen gequollen – ein Antisemitismus, der allein darin, daß er von sich behauptet, er wäre keiner, sich das gute Gewissen verschafft, das die Deutschen notorisch auszeichnet: Mein Name ist Möllemann, ich weiß von nichts, und mein bester Freund ist Jude...

Dieser Reformismus legitimiert sich, indem er in der israelischen Friedensbewegung und deren Protagonisten wie Uri Avnery, Norman Finkelstein, Felicia Langer oder Moshe Zuckermann seinen politischen Referenzpunkt entdeckt, bei Leuten also, die für Israel in etwa das bedeuten, was für die BRD der frühen Sechziger die Deutsche Friedensunion war. Die Identifikation des linksdeutschen Pazifismus mit der israelischen Friedensbewegung beruht natürlich darauf, daß man so wenig wie von ihnen jemals von Zuckermann, geschweige denn Avnery, Finkelstein oder Langer, je einen Satz über den Staat des Kapitals gehört hat, auch nicht über einen materialistischen Begriff der Shoah, der bei Zuckermann, der gerne Kritischer Theorie sich zurechnen möchte, sogar unter dem Titel „Zweierlei Holocaust" jeden Universalismus abstreift und ins Multikulturelle schwappt.

Im Wesen Israels als des ungleichzeitigen Staates der Juden liegt es aber nicht nur, Reaktion auf den Verrat an Aufklärung und Weltrevolution, nicht nur, Notwehrversuch gegen den Nazifaschismus und Asyl zu sein. Sondern eben auch, daß die üblichen Muster der bürgerlichen Rollenverteilung – hier das Gewaltmonopol des bürgerlichen Staates im allgemeinen und seine Geschäftsordnung, die Verfassung, dort das Personal, die Funktionäre, die die Regierungsausübung im besondern besorgen – für den israelischen Staates aufgrund seiner Konstitutionsbedingungen keinerlei Geltung hat. Was sich unter anderem darin zeigt, daß diese Kritiker der israelischen Regierungspolitik für den islamfaschistischen Mob und die Behörden, die die Selbstmordattentäter belohnen, Verständnis aufbringen (es sei dies eine Folge von Besatzung und Ausbeutung), dagegen für den Versuch, die militärische Infrastruktur der Feinde Israels zu zerschlagen, am liebsten die Begriffe Auslöschung oder Ausrottung der palästinensischen Bevölkerung gebrauchen, wenn nicht gleich von „Stalingrad" die Rede ist. Wie hinter der treudoofen Frage, ob es nicht möglich sein müsse, Spekulanten als das zu bezeichnen, was sie sind, ohne gleich als antisemitisch zu gelten, so verbirgt sich hinter der treulinken Frage, ob nicht in Israel, weil es sich auch dort um eine bürgerliche Gesellschaft handele, Faschismus möglich sei, die Erkenntnis dieser Fusion, wenn auch in restlos verquerer und verschrobener Gestalt. Verquer, weil ja gerade erklärt werden sollte, wie Israel, dieser Fusion zum Trotz, eine parlamentarische Demokratie ist und bleibt; verschroben, weil diese Einheit von Staat und Regierung im Übergang von einem unerträglichen Alten (der Vernichtungsdrohung) zum noch nicht erreichten Neuen (der herrschaftslosen Gesellschaft) doch den Inbegriff dessen ausmacht, was einmal als „Diktatur des Proletariats", das heißt als die Emanzipationsgewalt und organisierte politische Macht der Revolution, gerade auf den roten Fahnen stand. In Anbetracht der Konstitution des Staates Israel, vor dem Hintergrund der linken Staatsmythen, betreffend die „Diktatur des Proletariats", muß jede Begutachtung der Regierungspolitik auf die spezifische Qualität dieses Staates reflektieren.

Nun soll gewiß nicht behauptet werden, Ariel Scharon sei der Lenin von Israel, aber die israelische Staatlichkeit speist sich, historisch wie strukturell, aus ihrem Wesen als parlamentarisch verfaßte und im Staat zusammengefaßte Emanzipationsgewalt. Es ist also nicht möglich, zwischen Herrschaft und Herrschaftsausübung in der Weise zu trennen, wie man es gemeinhin macht, wenn man sich fragt, ob der Schröder oder der Stoiber das Gemeinwesen besser verwalten werden. Vielmehr bekundet, wer in dieser Weise trennt, nicht nur sein Unverständnis für die Staatlichkeit der Juden, sondern auch einen mindest diskreten Antizionismus, etwa nach Art der diesjährigen Ostermärsche, die es duldeten, daß palästinensische Nationalwimpel mitgeführt wurden, oder nach Art der famosen „Tutte bianche", die zum Boykott israelischer Waren aufrufen, oder nach Art der eitel operaistischen Gruppe

„Wildcat", die wirklich glaubt, Israel einer ihrer famosen „Klassenanalysen" unterwerfen zu können – all dies Gewese verdrängt, daß Ariel Scharon, natürlich ohne es zu wollen, näher dran ist am Kommunismus als seine Kritiker, daß er, auf seine, ihm als General einzig mögliche Weise, den antifaschistischen Kampf führt als eine Art israelische Ausgabe von Buonaventura Durruti. Denn der Kommunismus, die staaten- und klassenlose Weltgesellschaft, verlangt etwas Unmögliches: Rache für die Toten, für die Opfer der Barbarei; zugleich aber auch, daß niemand anders behandelt werde als nach seinem eigenen Maß: Gerechtigkeit für die Lebenden. Nur so ist der Kommunismus möglich als die gesellschaftlich bewahrheitete Maxime „Jedem nach seinem Bedürfnis, jeder nach seinen Fähigkeiten". In dieser Perspektive ist Israel der bewaffnete Versuch der Juden, den Kommunismus noch lebend zu erreichen. Das müßte doch eigentlich gerade von Leuten verstanden werden, die vor nicht allzu langer Zeit noch von der Diktatur des Proletariats schwärmten, die sich dem Staatskapitalismus der Sowjetunion, der DDR, Chinas oder gar Albaniens an den Hals warfen oder den national-völkischen Befreiungsbewegungen der Dritten Welt. Heute konzentrieren sich alle diese abstrusen Identifikationen auf die bedingungslose Unterstützung des palästinensischen Volkes gegen Israel.

Nach dem Untergang des Marxismus-Leninismus als Systemphilosophie wie Legitimationswissenschaft gibt es keinen „wissenschaftlichen Kommunismus" mehr. Der ist abgelöst von der nicht mehr wissenschaftlich, sondern so instinktiv wie intuitiv praktizierten Fähigkeit der Linken zur welthistorischen Spökenkiekerei. Es ist dabei die autoritäre, die ontologische Setzung, die, wie schon im Marxismus-Leninismus, das problemlose Zusammenspiel von perspektivischer Wertung und empiristischer Deutung erlaubt: Keine der sklavisch verehrten Tatsachen gibt es, die nicht die vollständige Manifestation der Entfaltung des Wesens zu sich selbst wäre. Jeder gute Ideologe ist daher ein schlechter Hegelianer, der das Gefühl fürs Nicht-Identische abschneidet. Daß jede wirklich gute Ideologie aus diesem Ineinandergreifen und fugendicht sich Verzahnen von intuitiv-spontaner Illustration vermittels von Fakten, Fakten, Fakten einerseits, andererseits aus der Rationalisierung dieser Tatsachen zum logisch widerspruchsfreien System besteht, davon kann sich überzeugen, wer etwa die Statements Stalins zum Nazifaschismus studiert oder Claudia Roth auf Grünen Parteitagen hat sprechen hören. Weil Ideologie keinerlei Ratio hat, ist sie gegen Kritik immun; weil sie jede Erfahrung des je Einzelnen ausschließt, kann sie unmöglich in einen Lernprozeß eintreten. Da die Ideologie das Denken an der Wurzel tilgt, substituiert sie es durchs Kalkül aufs Interesse. Sie ist das, was Sigmund Freuds Psychoanalyse im paradoxen Bild des „unbewußten Bewußtseins" zu fassen suchte, eben das, was Karl Marx im Zusammenhang seiner Kritik des Fetischismus über den Zusammenhang von Warenform und Denkform darlegte: „notwendig falsches Bewußtsein", dessen Notwendigkeit keinesfalls zur Ausrede seiner Unwahrheit taugt.

Dies „unbewußte Bewußtsein" mag man sich vorstellen als einen Schlafwandler, der über alle Abgründe hinweg sein Ziel ansteuert. In Europa allerdings ist es in alle Poren antisemitisch. Ob Katholiken und Feudale, ob absolute Monarchen und bürgerliche Revolutionäre, ob Sozialdemokraten, Parteikommunisten oder Nazifaschisten, fintenreich trugen sie alle wie in Trance oder in absichtlich manischer Wut das ihre dazu bei, der gedankenlosen Denke des Antisemitismus zur unerbittlichen Durchschlagskraft zu verhelfen.

Dagegen ist die Geschichtsphilosophie des Zionismus von anderer Statur – auch darin zeigt sich die historische Mission, die ihm zukommt: Die Geschichte konstruiert sich hier nicht als Zu-sich-selbst-Kommen des Wesens, sondern als der historische Zusammenhang der Katastrophen und als Abwehr der kommenden. Die Zionisten handeln, als hätten sie sich der Bewahrheitung der „Geschichtsphilosophischen Thesen" Walter Benjamins verschrieben. In dieser negativen Geschichtsphilosophie ist der Materialismus dem Zionismus verwandt, wenn er auch so kontrafaktisch wie kategorisch, gegen alle Erfahrung und jeden Begriff, sich weigert, dessen These vom „ewigen Antisemitismus" sich zuzueignen.

Der Haß auf den Zionismus hat viele Gründe, d.h. Vorwände und Schutzbehauptungen. Sie penibel aufzuzählen, mag interessant sein, ist aber nicht weiter von Interesse. So niederschmetternd es ist, aber es kann nicht darum gehen, was beim Vorstoß der israelischen Armee aufs Gebiet der Autonomiebehörde an Grausamkeiten, Verletzung der Menschenrechte und Terror geschieht. Das ist der Krieg, von dem niemand je zu behaupten sich traute, er sei eine Kampagne von Amnesty International. Es geht vielmehr um das Verhältnis der „Fakten", von Tränen, Blut und Tod, zu ihrer „Wertung", das heißt zu ihrer Vermittlung mit Urteilskraft. Kein vernünftiger Mensch käme auf die Idee, aus dem fraglosen Leid der Dresdener Bevölkerung auf das historische Unrecht des Sir Arthur Harris zu folgern. Es geht auch nicht um Vergleiche, nicht um die Frage, was die Grausamkeit, die die syrischen, irakischen, iranischen Diktaturen gegen ihre eigene Bevölkerung in Szene setzen, angesichts der israelischen Militärstrategie bedeutet. Es geht auch nicht um „fanatische" Siedler, sondern um die historische Legitimität und philosophische Dignität des Zionismus als der israelischen Nationalideologie, die nach Auschwitz die Staatlichkeit der bürgerlichen Gesellschaft der Juden wesentlich motiviert und organisiert. Und da hat selbst Ariel Scharon mehr von der Aufklärung und ihrer seit 1933 negativen Dialektik verstanden als jene, die sich über die Menschenrechte eines „palästinensischen Volks" echauffieren, das sie zum Zwecke ihrer Projektionen sich erst konstruiert haben, als „Volk", das nur dazu gut ist, den Antisemiten die Niedertracht und Heimtücke der Juden zu illustrieren. Der jüdische Nationalismus dagegen ist der Egoismus von Leuten, die unmöglich noch an die „unsichtbare Hand" des Liberalismus glauben können, die Egoismus in Gemeinwohl übersetzte. Daß heute die militante Aufklärung die Gestalt Ariel Scharons und der Panzer der israelischen Armee annimmt, das heißt die historisch derzeit mögliche Form, versetzt natürlich diejenigen in basses Erstaunen und helle Empörung, die von der Aufklärung nur gerade den „Aufkläricht" (Ernst Bloch) behalten haben, einen Abhub des Denkens, der hinreicht, sich für das desaströse „Selbstbestimmungsrecht der Völker" ob proletarisch-sozialistisch à la Lenin, bürgerlich-demokratisch à la Wilson oder völkisch-nazifaschistisch à la Hitler zu engagieren. Mag sein, daß die Juden ein „Volk" sind; Israel jedenfalls ist eine Gesellschaft.

Kein Nazifaschist hat je wirklich geglaubt, er bezöge die Ermächtigung seiner Ansprüche von Herrmann dem Cherusker; keiner seiner demokratischen Erben hat jemals tatsächlich gedacht, ihnen erwüchse Legitimität im Resultat des „Lernens aus der Geschichte"; niemals war ein Sozialist der Ansicht, es sei die famose „Befreiung der Arbeit" und nicht vielmehr das Recht auf Beute, das seine Politik im Interesse der Arbeiterklasse motivierte. Keineswegs erwächst den Palästinensern irgendein Recht aus der Tatsache, daß sie zuerst da waren. Einer Gesellschaft, der nicht einmal der Hunger ein Grund ist zur Produktion, kann Leiden schon gar kein Motiv sein der Solidarität: Entfremdung heißt dieser Zustand, in den die Kapitalisierung der Gesellschaft geführt hat. Es ist nur die Ideologie, die heute mit der Unmittelbarkeit des Leidens agitiert, die aus fragloser Evidenz Sinn zu schlagen sucht, sei es im Sinne der Caritas, sei es im Sinne der Freunde des palästinensischen Volkes. Ariel Scharon jedenfalls, der Zionist und praktische Antifaschist, ist dem aufgelösten Rätsel der Geschichte näher als eine deutsche Linke, deren „Antifaschismus" gerade zum „Aufstand der Anständigen" reicht oder sich als deutschnationale Solidarität mit dem palästinensischen Volk Luft verschafft. Die Gesellschaft dagegen, der das Leiden die Evidenz zur vernünftigen Praxis wäre, die Gesellschaft, die an den Individuen nicht mehr das Wesen vom Schein zwanghaft zu unterscheiden wüßte, wäre schon der ganze Kommunismus.

Antizionismus heute
Vorwort zur ersten Auflage

Antisemitismus ist die objektive Ideologie der Barbarei, zu der das Kapitalverhältnis gemäß seiner inneren Bestimmung wie seiner krisenhaften Notwendigkeit treibt, die Ideologie seiner negativen Selbstaufhebung auf eigener Grundlage. Der Antisemitismus ist daher so allgemein wie die totale Vergesellschaftung global: in Japan druckt und liest man Hitlers *Mein Kampf* und *Die Protokolle der Weisen von Zion* in Millionenauflage, indigene Gruppen in Lateinamerika schreiben ihre Unterdrückung dem ‚Juden' Kolumbus zu und die Wall Street steht bis heute als Synonym für ‚jüdisches Finanzgebaren'.

Nichts am Antisemitismus ist ‚typisch deutsch' – mit der Ausnahme, die allerdings den Unterschied ums Ganze macht, daß er in Deutschland sein Ziel, die Vernichtung der europäischen Juden, fast erreicht hat. Weil der Volksgemeinschaft der Onkel Adolfs und Tante Emmas die weltweite Vernichtung mißlang, ist Antisemitismus in Deutschland Mordbereitschaft im Wartestand, die sich als Antisemitismus trotz Auschwitz und erst recht wegen Auschwitz darstellt. Das Wesen der ‚nationalen Identität' ist der Tod, der an anderen vollstreckt werden muß, damit das Selbst im Raubmord Substanz gewinnt. Es handelt sich dabei um einen Mordwillen, der im genauen Zuge der abermaligen Nationwerdung Deutschlands und seines notorischen Pochens auf Weltmacht und Weltgeltung die Maske des Philosemitismus abstreift und Israel androht, es künftig, so Außenminister Kinkel schon 1998, „am normalen Maßstab des Völkerrechts messen zu wollen".

Nirgends rächte sich der Unwille und die Unfähigkeit der Linken, aus dem Mordzusammenhang ihrer Nation auszubrechen, mehr als in der strikten, mit marxoiden Theoremen legitimierten Reduktion des Nazismus auf eine besonders autoritäre, terroristische Diktatur des Kapitals über die Arbeiterklasse. Auschwitz als das Telos des Nazismus, die Volksgemeinschaft als so klassenübergreifende wie, im Massenmord, tatsächlich klassenaufhebende Organisationsform der barbarischen Gesellschaft, der Antisemitismus schließlich als die integrale Ideologie und Quintessenz der Transformation der bürgerlichen Gesellschaft ins barbarische Kollektiv: das alles war der ‚Neuen Linken' von 1968 kein Thema; und die Kritische Theorie, avancierteste Form des Materialismus nach Hitler, blieb die marginale Ausnahme, die die Regel bestätigen mußte.

Der Haß auf Israel, rationalisiert zum Ideologem des Antizionismus, hatte eine dreifache Funktion für das noch nicht zum ‚Wir sind das Volk' geeinte Deutschland. *Erstens* war er die objektive Agentur des Antisemitismus im Lager der Linken, einer Linken, die eben dadurch, insgeheim vielleicht gar mit Absicht, ihre Zugehörigkeit zum nationalen Kollektiv demonstrierte. Antizionismus war die Form, in der sich die Linke, aller Opposition zum Trotz, mit dem Gründungsverbrechen der Nation einverstanden erklärte und ihren Anteil an der Beute reklamierte. *Zweitens* war der Antizionismus die Repräsentanz des durch die Sowjetunion in welcher Form auch immer dargestellten Hegemonialanspruchs des Marxismus-Leninismus über die Linke. Marginal, wie diese Linke gesellschaftlich war, suchte und fand sie Rückendeckung in der Geschichte der kommunistischen Arbeiterbewegung, deren Leichnam in den staatskapitalistischen Gesellschaften des Ostens zur Monstranz wurde. Im Antizionismus gestand die Linke ihre fundamentale Unfähigkeit zur Kritik der traditionellen Arbeiterbewegung wie zur Kritik der Vergesellschaftungsweise sowjetischen Typs ein. Und *drittens* erlaubte der Antizionismus, unterm Vorwand internationalistischen Engagements, die Wiederaneignung der Idiotie von Volk, Vaterland und Muttersprache. Volk, der Inbegriff der Konterrevolution, Volk, die antiemanzipatorische Kategorie schlechthin und also der Gegenbegriff zu Gesellschaft, gar zur befreiten, stieg auf zur zentralen Kategorie des Internationalismus, das heißt der weltweit zusammenaddierten Befreiungsnationalismen. „Dem

Volke dienen" war der Freibrief, die deutsche Geschichte zum Selbstbedienungsladen zu machen, um sich dem Volk der Dichter und Henker anzudienen.

Seit 1989 hat sich diese Sorte Antizionismus als 'revolutionäres' Konstrukt im wesentlichen erledigt, vor allem durch den Bankrott der UdSSR als seiner Hauptdistributionsagentur und die langsame Staatwerdung der PLO, deren menschliche Unkosten in den Jahresberichten von Amnesty International nachgelesen werden können. Der tiefere Grund für das gegenwärtige Desinteresse der Linken am Antizionismus (außer zu Zwecken linksvölkischer Traditionspflege) ist aber die deutsche Einheit. Im Zuge der Nationwerdung, das heißt im Prozeß der ‚inneren Einheit', zeigt sich, daß Einheit und ‚nationale Identität' nicht zu haben sind ohne Feindbestimmung. Ohne Antisemitismus keine deutsche Nation, ohne Antizionismus daher keine deutsche Außenpolitik; so hatte das schon die NSDAP gehandhabt.

Der linke Antizionismus hat abgewirtschaftet, weil er die zutiefst taktische Haltung, die der westdeutsche Staat im Zeichen des Philosemitismus zu Israel einnahm, interessiert als strategische Wesensbestimmmung eben dieses Staates mißdeutete und nicht als Ausdruck der Opposition gegen die proarabische Außenpolitik der DDR begriff, nicht als Moment der internationalen Reputation einer BRD, die sich mit den Vereinigten Staaten nicht anlegen durfte. Israel – das war der westdeutschen Politik bis 1989 die willkommene Externalisierung der ‚jüdischen Frage'.

Diese antizionistische Linke hat sich erledigt, ihr Auftrag – mit Hilfe des Antizionismus die deutsch-völkische Kontinuität zu wahren und die Nation zu entschulden – ist erfüllt. Ihre partielle Ideologie ist zum zentralen Moment der sogenannten freiheitlich-demokratischen Grundordnung geworden. Da die ehemals antizionistische Linke nun ihr nationales Projekt Deutschland hat, kann sie ihre Identifikation mit den unterdrückten Völkern aufgeben und sich anschicken, die ‚Diktatoren' und ‚unbelehrbaren Nationalisten' dieser Welt unmittelbar, mit der geballten Macht des ‚Modells Deutschland' im Rücken, zur Räson zu bringen.

Das Verhältnis von Antisemitismus und Antizionismus, das die nachfolgenden Thesen polemisch und also sachlich zu entfalten suchen, ist ein Produktionsverhältnis, das heißt ein Verhältnis der materiellen Reproduktion der demokratisierten Volksgemeinschaft durch den formellen Widerspruch der Opponenten hindurch. Ideologie beweist sich darin als das Mißverhältnis von subjektiver Meinung und objektivem Inhalt, als ein Verhältnis der Entfremdung, das macht, daß einer sagt, was er weiß, aber nicht weiß, was er sagt – und dies letztendlich auch nicht wissen will. Die materialistische Aufklärung, das zeigt der Kontext, in dem die Thesen entstanden, hat in Deutschland nichts Objektives, auf das sie sich als auf die Evidenz der Vernunft zu berufen vermöchte, nichts, das sie der zwanghaften Neigung der Deutschen, insbesondere der linken Deutschen, zum Differenzieren und Vernünfteln entgegensetzen könnte: Nicht Argumente zählen, gefragt ist die Gesinnung, nicht Kritik ist Trumpf, sondern der repressive Konsens.

Die folgenden Thesen über Israel und die linksdeutsche Ideologie wurden im Frühjahr 1991 verfaßt, im Gefolge des Golfkrieges und im Zusammenhang mit der Besetzung des Studios des Alternativsenders Radio Dreyeckland in Freiburg. Der Anlaß war simpel: Ein Redakteur, ehemals Mitglied des 2. Juni, dann der RAF, hatte im Namen der Internationalismusredaktion des Radios den überzeugten Antisemiten und ‚Israelexperten' Helmut Spehl, dessen Schriften im übrigen auch in Dritt-Welt-Läden verkauft werden, zu einer Diskussion eingeladen, in der es mehr oder weniger um die Frage ging, wie Israel am allerbesten ausradiert werden könnte. Einige Studenten hörten die Sendung mit und fertigten ein Protokoll dieser rotbraunen Allianz. Nach verschiedenen Diskussionsversuchen mit den alternativen Radiomachern, die wenig mehr offenbarten als interessiertes Unverständnis und haltlos fetischistischen Pluralismus, insbesondere der Geschäftsführung, kam es im Mai 1991 zur Besetzung des Studios.

Der weitere Ablauf ist schnell erzählt: Sitzungen jagten sich, Mitgliederversammlungen ergingen sich in Spekulationen über die Motive der Kritiker und Besetzer, kaum jemand sprach von Antisemitismus, alle von den guten Motiven der Antizionisten. Kurz und schlecht: ein Abgrund an Aufklärungsverrat tat sich auf, und es zeigte sich, daß, wer selbst keineswegs den Antiimperialisten anhing, immer noch die Form zu bemäkeln wußte, in der die Kritik vorgetragen wurde: als Ideologiekritik nämlich, die nicht über die Frage mit sich verhandeln läßt, ob Juden auch Menschen sind. Die Aktion jedenfalls, die darauf hoffte, linke Antisemiten aus einem irgendwie linken Medium auszuschließen, führte nach und nach zu der unausweichlichen Erkenntnis, daß es keine Linke mehr gibt, daß die, die immer noch „Linke" zu sein für sich reklamieren, nur den solidarischen Resonanzboden abgeben für ein Klima, in dem sich jeder Aberwitz, insbesondere linker Nationalismus, Volkstümlerei und Antisemitismus, entfalten können.

Ein beredtes Beispiel, wie sich auch in jüngster Zeit Antisemitismus in linken Argumentationsformen ausdrückt und darin noch Stammtischniveau unterbietet, gibt ein Kommentar der *Freunde der guten Zeit* – einer Gruppe, die der sich selbst „sozialrevolutionär" titulierenden Zeitschrift *Wildcat* nahesteht – am 6.10.99 im Hamburger Alternativsender Freies Senderkombinat anläßlich des Todes von Ignaz Bubis, in dem es hieß:

Und zum Schluß aus aktuellem Anlaß zum Tod von Ignatz Bubis. Wieder wird aus Ermangelung von Klassenbewußtsein um der Leere des heutigen linken Daseins aus einem liberalen Kapitalisten, Ausbeuter, Spekulanten ein Antirassist. Warum? Weil er ein Jude war? Als ob das ein Persilschein sei! (Reader 1999)

Aus heutiger Sicht erscheint die Besetzung von Radio Dreyeckland als ein Moment in der Entstehung einer antinationalen – und das kann nur heißen: einer entschieden antideutschen – radikalen Linken, die das Erbe von 1968 annimmt, indem sie es überschreitet. Diese antideutsche Linke wird sich nicht nur das anarchistische Erbe radikaler Staatskritik materialistisch aneignen müssen, sie wird auch über einen Marxismus, der den Staat aneignen und als Hebel benutzen wollte, hinausgehen müssen zur Abschaffung, sprich: Zerstörung des Staates – wenn sie erkannt hat, daß die Form Nation ein Produkt des Staates ist, der Nationalismus also mehr darstellt als Ideologie oder Manipulation, nämlich das objektive Selbstbewußtsein des Souveräns: Denn jeder, der einen deutschen Paß hat, ist nolens volens Nationalist, partizipiert an den grenzsetzenden und ausgrenzenden Leistungen der Staatsgewalt, hat Teil an der 'nationalen Identität', die den Antisemitismus ausbrütet wie die Raupe den Faden spinnt.

Das Autorenkollektiv der Initiative Sozialistisches Forum, das die in diesem Band zusammengestellten Texte verfaßte, hatte sich bereits drei Jahre zuvor anläßlich eines ähnlichen Vorfalls in der Freiburger „Linken" erstmals intensiver mit dem Thema ‚linker Antisemitismus' beschäftigt (ISF 1990). Aber trotz intensiver Auseinandersetzung mit Faschismus und Nazismus schon in den Jahren zuvor war ihr doch – darin ‚typisch links' – die konstitutive Bedeutung des Antisemitismus für den Nazismus ‚entgangen', hatte sie insbesondere ‚übersehen', daß Auschwitz nicht nur das die BRD konstituierende Gründungsverbrechen war, sondern das Telos, der Sinn und der Zweck des deutschen Faschismus. Seither war die ISF bemüht, sowohl durch die Publikationen des ça ira-Verlags sowie durch Polemiken und Interventionen, zuletzt in der Debatte um die Bedeutung von Daniel J. Goldhagens Buch *Hitlers willige Vollstrecker* oder zur Funktionalisierung von Auschwitz im Zusammenhang mit dem ‚Kosovo-Krieg', diesen ‚Mangel' zu beheben, der allerdings alles andere ist als ein Mangel, sondern vielmehr den selbstbewußten Anteil der deutschen Linken am Vernichtungszusammenhang ihrer Nation dokumentiert.

In dem Maße wie gegenwärtig offener Antisemitismus in Deutschland wieder möglich und zur Aufwertung des beschädigten ‚Selbstwertgefühls' nötig ist, schwindet das Interesse am Antizionismus. Was Anfang der neunziger Jahre noch einen Skandal hervorgerufen hätte, wird heute im Zuge der neu- und altdeutschen Selbstfindungsversuche breit in den Medien diskutiert. Als die verfolgte Unschuld Martin Walser im Oktober 1998 endlich aussprach, was alle bisher nur denken duften, nämlich „daß sich in (ihm) etwas gegen die Dauerrepräsentation unserer Schande wehrt" und er „fast froh" sei, zu entdecken, „daß öfter nicht mehr das Gedenken, das Nichtvergessen dürfen das Motiv ist, sondern die Instrumentalisierung unserer Schande zu gegenwärtigen Zwecken", wurde Ignatz Bubis nach seiner einsamen Kritik postwendend von dem auch „gekränkten" Klaus von Dohnanyi zurechtgewiesen, daß es sich hier um „die verständliche, ja notwendige Klage eines gewissenhaften nichtjüdischen Deutschen über das schwierige Schicksal, heute ein Deutscher zu sein", handele: „als Vorsitzender des Zentralrates der Deutschen Juden könnten Sie mit ihren nicht-jüdischen Landsleuten etwas behutsamer umgehen; wir sind nämlich alle verletzbar." Bei soviel brüderlicher Nächstenliebe mochte auch Hans Magnus Enzensberger nicht zurückstehen und ergriff Partei für den bis zum Überdruß „gutmütigen" deutschen Mob gegen die „Phalanx von Mahnern, deren vorwurfsvolles Unisono uns in den Ohren schallt: ... treibt es bitte nicht zu weit. Denn was dann passieren könnte, wollen wir uns lieber nicht ausmahlen. Allem Augenschein zum Trotz ist die Gutmütigkeit eine knappe Ressource, die nicht Ausbeutung verdient, sondern Schonung" (ausführlich dazu: Zuckermann 1999).

Keine offene Drohung, kein antisemitisches Gerücht scheint heute mehr unmöglich. Als Manfed Kanther die ‚schmutzigen Gelder' aus der CDU-Spendenwaschanlage als „jüdische Vermächtnisse" titulierte, muß er sich perfekt vorgekommen sein. Es irritiert auch niemanden mehr, wenn sich die deutschen Medien um den Neonazi Haider, von den EU Regierungen mühsam boykottiert, als Talkshowrenner geradezu reißen, wobei Ralph Giordano kapituliert und einräumt, er habe „selten einen sympathischeren Menschen" kennengelernt. Im Rückblick auf die Zeit der Entstehung der hier vorgelegten Texte zeigt sich, daß die Deutschen bei der Neukonstitution ihrer ‚inneren Einheit' keine Überraschungen parat hatten; statt dessen haben sie alle Befürchtungen übertroffen. Was eigentlich nur als Neuauflage eines historischen Dokuments gedacht war, bezieht hieraus auf ganz unangenehme Art und Weise seine Aktualität.

Frühjahr 2000

Zehn Thesen über
die linksdeutsche Ideologie,
Israel und
den Klassenkampf am falschen Objekt

Wie kannst Du als Sozialist *nicht* Antisemit sein?
Adolf Hitler, 1920

Gibt es einen genuinen Antisemitismus von links und ist der Antizionismus seine spezifische Erscheinungsform? Kann man mit gutem Gewissen Antizionist sein, ohne Antisemitismus zu befördern, entschuldigt die subjektive Intention das objektive Resultat?

Nerv des Antisemitismus ist die fetischistische, barbarische Kritik der bürgerlichen Gleichheit. Antisemitismus ist negative Ideologiekritik, Ausdruck der repressiven Egalität, die der politische Souverän, der die allgemeine Vergleichbarkeit der Individuen als Subjekte garantiert, unter den Bedingungen und im Interesse einer Ökonomie organisiert, deren unheilbarer Ausbeutungscharakter nur in der verkehrten und verdrehten Form des gleichen, freien und gerechten Tausches erscheinen kann. Die ‚Linke' ist nur insofern gegen den Antisemitismus mindest immun und der Möglichkeit nach kritisch, als sie die Marxsche Kritik der politischen Ökonomie als Kapital- und Staatskritik begreift – also weder als Kritik der Zirkulation durch die Produktion noch als Denunziation der Macht mittels der Menschenrechte, sondern als kritische Sabotage des Totalitätscharakters kapitalisierter Gesellschaften. Insoweit allerdings ‚die Linke' nichts ist als ein bloßer Bestandteil des Pluralismus und ein dynamisches Moment des Spiegelspiels der Politik, hat sie am strukturellen Antisemitismus der bürgerlichen Gesellschaft teil. Wenn es daher ‚links' sein sollte,

> Das sowohl politische wie jüdische Nazi-Opfer, das ich war und bin, kann nicht schweigen, wenn unter dem Banner des Anti-Zionismus der alte miserable Antisemitismus sich wieder hervorwagt. Die Unmöglichkeit, Jude zu sein, wird zum Zwang, es zu sein: und zwar zu einem vehement protestierenden. So sei denn das auf ganz unnatürliche Weise zugleich unaktuelle und hochaktuelle Buch (*Jenseits von Schuld und Sühne*, d. Hrsg.) nicht nur ein Zeugnis dafür, was *wirklicher Faschismus* und singulärer *Nazismus* waren, sondern auch ein Aufruf an die deutsche Jugend zur Selbstbesinnung. Der Antisemitismus hat eine sehr tief verankerte kollektivpsychologische, in letzter Analyse wahrscheinlich auf verdrängte religiöse Sentiments und Ressentiments rückführbare Infrastruktur. Er ist aber aktualisierbar zu jeder Stunde – und ich erschrak zwar zutiefst, war aber eigentlich nicht erstaunt, als ich erfuhr, es sei bei einer Kundgebung zugunsten der Palästinenser in einer deutschen Großstadt nicht nur der ‚Zionismus' (was immer man unter diesem politischen Begriff verstehe) als Weltpest verdammt worden, sondern es hätten die erregten jungen Antifaschisten sich deklariert durch den kraftvollen Ruf: „Tod dem jüdischen Volke" (Améry 1977, 12).

die Ideale der bürgerlichen Revolution praktisch zu bewahrheiten, und wenn der Inhalt ‚linker' Kritik tatsächlich in nichts anderem bestünde, als den wirklichen Zustand kapitalisierter Gesellschaften am Maßstab ihrer ideellen Verfaßtheit zu messen, dann ist diese ‚Linke' insofern antisemitisch, als sie sich als unfähig zur Bekämpfung des Antisemitismus erweist.

‚Die Linke' hat am Antisemitismus teil, insoweit sie den Ausbeutungscharakter der Ökonomie mit politischen Mitteln aushebeln will. Als schon staatstragende oder noch bloß staatswillige ‚Linke' erbt sie die kategorialen Bestimmungen und die objektiven Praxisformen von Staatlichkeit als solcher, deren erste und prominenteste: die Homogenität des Staatsvolkes und die Identifizierung der Individuen als Nationalstaatsbürger, zum fundamentalen Bestand antisemitischer Agitation gehört. ‚Die Linke' lebt geistig immer noch von den Abfällen der staatssozialistischen Marxismen, ernährt sich theoretisch von den Resten eines sozialdemokratischen Denkens, das in seiner aktivistischen Gestalt, dem Bolschewismus, seine Zukunft gerade hinter sich bringt. Angesichts dieses historischen Zusammenbruchs pflegt sie trotzdem immer noch die Idee der proletarischen Nation und des sozialistischen Staates.

Linker Antisemitismus ist ein Widerspruch in sich und ein Ding der Unmöglichkeit, aber der Antisemitismus von links und unter Linken ist eine unbestreitbare Tatsache. In der Form des aus dem Marxismus-Leninismus importierten Antizionismus hat ‚die Linke' teil an der Reproduktion des strukturellen Antisemitismus der bürgerlichen Gesellschaft – mit gutem Gewissen natürlich, und, wie es sich gehört, mit den allerbesten Absichten. In Deutschland aber, nach Auschwitz, kann der begriffslose Unwille zur Ideologiekritik nur als Skandal allererster Ordnung begriffen werden.

1. ‚Die Linke' und die Linken

Wer den Antisemitismus unter Linken und seinen aktivistischen Ausdruck, den Antizionismus, kritisiert, der darf sich auf den Vorwurf gefaßt machen, vorschnell zu verallgemeinern, unbillig zu generalisieren und die verschiedenen Strömungen, Fraktionen und Traditionen ‚der Linken' in denunziatorischer Absicht über einen Kamm zu scheren. Aber schon ein oberflächlicher Blick auf die Haltung ‚der Linken' zu Israel genügt, um zu wissen, daß, je mehr verschiedene Linke man kennt, um so weniger differenziert werden muß. Das Spiel der wirklichen Linken mit der Idee ‚der Linken' an und für sich gehört zur Automatik ihrer Selbstentschuldigung.

Und darum wird es Linken gefallen, daß die folgende Behauptung über Israel als den „Brückenkopf des US-Imperialismus" nur die Ansicht einer völlig unerheblichen *Sozialistischen Liga* darstellt, die, als *Deutsche Partei der Internationalen Arbeiterliga – IV. Internationale*, natürlich ganz und gar nicht repräsentativ ist:

> Und wer ist nicht für das Existenzrecht Israels, gehört dies doch zu den bestgepflegtesten Dogmen politischer Erziehung in unserem Land? Dieses Dogma konnte allerdings nur weite Verbreitung finden, weil es auf die systematische Vernebelung einfacher Tatsachen zurückgreifen kann (Aufbruch 1991, 12).

Nein, ‚die Linke' hat mit den Nazi-Ideologien von wegen Gehirnwäsche durch Entnazifizierung einerseits, geheimnisvoller Manipulation der öffentlichen Meinung andererseits nichts gemein; das darf man nicht verallgemeinern.

Am liebsten unterhält man sich links von der Mitte über Interessen, selten über den Begriff der Wahrheit. Gerne spricht die Linke über Kräfteverhältnisse, ungern von gesellschaftlicher Totalität. Endlos verbreitet sie sich über Manipulation und Gegenöffentlichkeit, nie fällt ein Sterbenswörtchen zur Sache der Ideologiekritik. Lustvoll labert ‚die Linke' von ihrer Sehnsucht danach, „Politik zu machen", aber über die Nörgelei an der jeweiligen Regierung kommt sie nicht hinaus, und Staatskritik ist ihr ein Greuel. Unermüdlich reklamiert sie soziale Gerechtigkeit, aber die Kritik der politischen Ökonomie geht sie nichts an: Das eine hält sie für Materialismus, das andere für Idealismus und also abstrakt, abgehoben, wurzellos, letztlich: für unpraktisch und für den parasitären Müßiggang mindestens von Schreibtischtätern, vielleicht gar von Ideologen.

Wenn sie auch von Marx und dem kritischen Materialismus, von Adorno und der negativen Dialektik des Idealismus nichts wissen will, das eine weiß sie doch immerhin verdächtig genau: daß das Sein das Bewußtsein bestimme. Ihre ganze Existenz und alle Energie setzt ‚die Linke' in die lebenslängliche Arbeit, dafür zu sorgen, daß es auch in Zukunft so bleibt. Ihren moralischen Impetus und nicht unerheblichen altruistischen Elan bezieht sie aus ihrem Auftrag, den Überbau fugendicht mit der Basis zu verschweißen und sich darum zu kümmern, daß die Entfremdung „derer da oben" von denen „ganz unten" kuriert wird. Das Marxsche Diktum von wegen Sein und Bewußtsein versteht ‚die Linke' nicht als Analyse und Kritik, sondern nimmt es als Resultat und Postulat. Ihr Materialismus bildet sich allerhand darauf ein, das Bewußtsein als ‚freischwebend' zu denunzieren, statt es vom Sein zu emanzipieren. Theoriefeindlich ist ‚die Linke' überhaupt nicht, solange es sich um praxistauglich aufbereitete Informationen handelt. Unangenehm wird sie nur, wenn Nutzen und Nachteil des Empirismus bilanziert werden sollen. Auch hat sie überhaupt nichts gegen Philosophie, solange diese sich mit der Frage nach Haben oder Sein bescheidet und vorab schon einräumt, ein etwaiges Resultat sei bloße Meinung, subjektiv und eine Geschmacksfrage.

Dialektik liegt ihr ganz fern und so weit ab von den brennenden Fragen der Bewegung, daß sie ihr nur als Sophistik unterkommt. So tolerant ist ‚die Linke', daß ihr schon der Anspruch, Totalität zu reflektieren, als totalitär erscheint. Und so liberal geht sie mit dem Begriff der Wahrheit um, daß sie ihn wahlweise als eurozentrisches oder psycho-pathologisches Phänomen sogar verstehen und nachvollziehen kann. Zwischen den Ladenhütern der bolschewistischen Antike und den Sonderangeboten der Postmoderne schwankend, greift sie wahllos mal nach dem Dogmatismus des unmittelbaren Interesses, mal nach dem Relativismus der theoretischen Identifikation. Ebenso osziliert die eher dogmatische Fraktion der sogenannten ‚Linken' zwischen der Propaganda gegen Volksfeinde, Ausbeuter und Kosmopoliten einerseits, der Agitation für guten Staat und gerechte Herrschaft andererseits. Während ‚die Linke' das Ende des Sozialismus verschlafen hat, sabotiert sie aufgeregt die Zukunft der Revolution – unterdessen bereitet die kapitalisierte Gesellschaft die liberté als Befreiung der Individuen vom Leben vor. Völlig zerstritten und in endlose Grabenkämpfe verstrickt, deren Ursache längst keiner mehr weiß und niemand mehr wissen will, hassen sich ‚die Linken' untereinander ganz zu Recht wie die Pest und begehren sich doch als kollektiver Protagonist des sei es alternativen, sei es proletarischen Schlaraffenlandes.

Wird „die Linke" kritisiert, dann gibt es sie plötzlich nicht mehr, sondern nur noch Linke: So differenziert ist das ‚andere Deutschland', daß es sich keineswegs über einen Leisten schlagen lassen will. Wird aber eine Fraktion ‚der Linken' kritisiert, dann fühlen sich alle betroffen, und zwar im Namen des Volkes: Von derart guten Absichten werden Linke umgetrieben, daß es gemein wäre, ihre Ergebnisse auf die Waage zu legen. Diese Linke redet begeistert von Lernprozessen, aber merken kann sie sich gar nichts; sie erzählt mitreißend von Öffentlichkeit und Erfahrung und bramarbasiert sodann über Erlebnisse in der Gemeinschaft. Nur in einem einzigen Punkt ist sie mit sich im Reinen und allerdings einer Meinung: daß ‚Volk' und ‚Nation', im Prinzip, eine gute Sache und daß weder Begriff noch Sache aufzuheben, sondern vielmehr zu

Das Interesse hat kein Gedächtnis, denn es denkt nur an sich. Das eine, worauf es ihm ankommt, sich selbst, vergißt es nicht. Auf Widersprüche aber kommt es ihm nicht an, denn mit sich selbst gerät es nicht in Widersprüche. Es ist ein beständiger Improvisator, denn es hat kein System, aber es hat *Auskunftsmittel*... (Die) Auskunftsmittel sind die tätigsten Agenten im räsonierenden Mechanismus des Interesses. Wir bemerken unter diesen Auskunftsmitteln zwei, die beständig in dieser Debatte wiederkehren und die Hauptkategorien bilden, die *„guten Motive"* und die *„nachteiligen Folgen"*... Das Interesse weiß das Recht durch die Perspektive auf die nachteiligen Folgen, durch seine Wirkungen in der Außenwelt anzuschwärzen; es weiß das Unrecht durch gute Motive, also durch Zurückgehen in die Innerlichkeit seiner Gedankenwelt weißzuwaschen. Das Recht hat schlechte Folgen in der Außenwelt unter den bösen Menschen, das Unrecht hat gute Motive in der Brust des braven Mannes, der es dekretiert; beide aber, die guten Motive und die nachteiligen Folgen, teilen die Eigentümlichkeit, daß sie die Sache nicht in Beziehung auf sich selbst, daß sie das Recht nicht als einen eigenständigen Gegenstand behandeln, sondern vom Recht ab entweder auf die Welt hinaus oder in den eigen Kopf hineinweisen, daß sie also *hinter dem Rücken des Rechts manövrieren*... Das Interesse denkt nicht, es rechnet. Die Motive sind seine Zahlen... Die Güte des Motivs besteht in der zufälligen Geschmeidigkeit, womit es den objektiven Tatbestand zu entrücken und sich und andere in die Täuschung einzuwiegen weiß, nicht die gute Sache sei zu denken, sondern bei einer schlechten Sache genüge der gute Gedanke (Marx 1842, 132 f.).

(Am Geld) zeigt sich die Albernheit der Sozialisten, ... die den Sozialismus als Realisation der von der französischen Revolution ausgesprochenen Ideen der *bürgerlichen* Gesellschaft nachweisen wollen... Was die Herren von den bürgerlichen Apologeten unterscheidet, ist auf der einen Seite das *Gefühl* der Widersprüche, die das System einschließt; auf der anderen Seite der *Utopismus*, den notwendigen Unterschied zwischen der realen und der idealen Gestalt der bürgerlichen Gesellschaft nicht zu begreifen, und daher das überflüssige Geschäft vornehmen zu wollen, den ideellen Ausdruck selbst wieder realisieren zu wollen, da er in der Tat nur das Lichtbild dieser Realität ist (Marx 1974, 168).

interpretieren sind. Das objektive Interesse, das sie den Leuten unterjubelt, ist in Wirklichkeit ihr eigenes – ein völkisches.

Daß Argumente bereits dann als widerlegt gelten dürfen, wenn sie als ‚abstrakt', ‚abgehoben' und ‚unpraktisch' gescholten werden, ist bei der kleinen radikalen Minderheit die herrschende Meinung. Daß aber darin nichts anderes beschworen wird als der Gegensatz des Freischwebenden zum Bodenständigen – die völkische Denkform par excellence – gilt den Linken dagegen, ideologiekritisch dechiffriert, als einigermaßen gewagte und ziemlich jenseitige Behauptung. Als Intellektuelle schimpfen die linken Intellektuellen Intellektuelle des blutleeren Intellektualismus (Bering 1982, 94 f.); so arbeitet das linke Deutschland mit an der Popularität einer Kultur- und Liberalismuskritik von rechts, an der Wiederbelebung jener Lebensphilosophie, die sich ihrer Raison in letzter Instanz nur versichern kann, wenn sie zur Feindbestimmung gelangt: ‚Jude'.

Völkisches Ressentiment lebt auf, wenn die Zumutung kritischer Theorie naht: „Die Kritische Theorie ist auf Entwaffnung der Arbeiter aus. Ihr Haß gilt der Arbeit, von der sie lebt und die sie scheut" (gs., 1978, 139). Aber ‚die Linke' wird es ablehnen, mit irgendeinem Linken sich identifizieren zu lassen, der die GULAGmäßige These vertritt, daß, wer nicht arbeitet, auch nicht essen soll; sie wird die Notwendigkeit entschieden bestreiten, von diesem traurigen Einzelfall aufs Allgemeine folgern zu müssen. Auch noch so viele Beispiele helfen nichts:

> Viele der liberalen oder linksliberalen Faschismus-Forscher gehen daher selbst der Frage ..., ob sich in dem älteren völkischen Streben nach etwas überpersönlichem, Höherem, nicht auch etwas Positives zu erkennen gibt, von vornherein peinlichst aus dem Wege. Für all das, was sich mit Begriffen wie nationaler Gemeinsinn, kollektives Verantwortungsgefühl, Verzicht auf rücksichtlose Selbstentfaltung oder gar Opferbereitschaft für von allen anerkannte Werte umschreiben läßt, haben die meisten liberalen Historiker und Politologen, die sich ... noch immer (sic!)

Der Affekt gegen die ‚abgehobene' Kritische Theorie ist Indiz des diskreten Antisemitismus, der unter den Linken wohl gelitten ist. In einem nur fünfzehn Seiten langen Aufsatz über *Adornos Antiutopismus* gelingt Jost Hermand dies Stakkato:

> Selbst jene Attacken, bei denen seine Kritik durchaus treffend und ideologisch gerechtfertigt ist, haben eine Stich ins Arrogante... (Er benutzt) alle ihm zur Verfügung stehenden Überheblichkeitsgesten, indem er sich so witzig, so arrogant, so avantgardistisch, so sprachgewandt wie nur möglich gibt... Hochmut... sinnloses Aus- oder Standhalten... der besserwissende und darum pessimistisch gestimmte Adorno... offene Massenverachtung... Zynismus... interessiert sich nur für sein eigenes Ich... peinlicher Egoismus... elitäre Apathie... Antiutopismus auf der Basis eines aristokratischen Pessimismus... eine gewisse Pseudo-Dialektik... Glorifizierung der absoluten Ich-Kunst... massiver Ästhetizismus, Snobismus, damit Verklärung des gesellschaftlichen Außenseiters... spätestbürgerliche Überheblichkeit... Abneigung gegen alles Kollektive... (Er verleiht) der eigenen Status-quo-Attitüde den Anschein des Kritischen, geistig Überlegenen... (Er versucht) den eher optimistisch Gestimmten durch ständiges Nörgeln auch die letzte Hoffnung zu nehmen und sie damit auf die vorgefundenen Zustände zu konditionieren (Hermand 1981).

als die gebrannten Kinder eines falschen Kollektivs empfinden, nicht viel übrig (Hermand 1988, 10 f.).

Dies schreibt derselbe, der DKP nahestehende ML-Germanist, der ein paar Jahre zuvor Adorno „Arroganz", „Zynismus", „offene Massenverachtung", „peinlichen Egoismus", „elitäre Apathie" und vieles andere mehr meinte vorwerfen zu müssen (Hermand 1981). Und jeder Linke wird sich – analysiert man die ML-Träume der produktiven Homogenisierung des Volkes zur werktätigen Nation samt ihrer Konsequenz: dem Antizionismus – überdies weigern, objektive Ideologie als persönliche Absicht sich zurechnen zu lassen. Die Linken, die ‚die Linke' ausmachen, werden darauf beharren, bei Nation und Volksgemeinschaft handle es sich allein um eine Frage der – Interpretation.

Indem ‚die Linke' die Objektivität von Ideologie zum subjektiven Meinen verniedlichen will, gibt sie nicht nur zu Protokoll, daß ausgerechnet ihr, der fleißigen Agentin des Zusammenhangs von Theorie und Praxis, der Gedanke, Ideologie sei der bewußtlose Reflex kapitalistischer Vergesellschaftung im Bewußtsein, Anathema bleiben soll, sondern überdies, daß es Linke nichts angeht, wenn, weil sie A gesagt haben, ein anderer B sagen wird. Ideologie jedoch, geistige Objektivität falscher Gesellschaft, eröffnet ein Kontinuum und eine vom falschen Gedanken erzwungene schiefe Bahn hinab zu einer mörderischen Praxis, die jedem, der dies Kontinuum eröffnet, auch dann als Schuld zugerechnet werden muß, wenn er selbst, sei es aus humanistischen, sei es aus taktischen Bedenken, die Konsequenz seines eigenen Gedankens nicht auch noch in eigener Person zieht.

‚Die Linke' toleriert, was Linke treiben, solange die nur behaupten, sie seien welche. „In seiner deklamatorischen Distanz vom Antisemitismus zeigt der Antizionist, daß er die Geschichte nicht völlig beiseite läßt. Er ähnelt hier dem marxistischen Antisemitismustheoretiker, der im Judenhaß einen annehmbaren Kern erkennen will. Für diesen Theoretiker steht das ‚Juda verrecke' als unaufgeklärte Einkleidung für die an sich erstrebenswerte Beseitigung von Zins und Geld. Im Judenverfolger wird der Genosse erkannt, dem lediglich die marxistische Schulung fehle" (Heinsohn 1988, 113): Tatsächlich gibt es nichts, was Linke sich nicht erklären könnten. So tritt zum undurchschauten Verhältnis von Interesse und Ideologie der Zwang hinzu, noch das an sich selbst Unbegreifliche, das Jenseits der Vernunft – mit dem es keine Diskussion, nur noch Kampf geben kann – mit den Mitteln des Verstandes sich zu erklären. Was objektiv unmöglich ist, findet man einfach nur subjektiv ‚schwierig'.

2. Israel:
Projektionsfläche der deutschen Ideologie, schlaflose Nächte der völkischen Paranoia

Der Antisemit ist die verfolgende Unschuld schlechthin. Sein Lebensgefühl ist das der permanenten Belagerung, der allgegenwärtigen Bedrohung und der ständigen Nötigung zur Notwehr. Seine Paranoia ist objektiv, denn er verfolgt sich selbst auf Schritt und Tritt, er vermag sie sowenig abzuschütteln wie seinen Schatten. Verschwörung, namenlose Sabotage am Eigentlichen und Attentat aufs gute Wesen wittert er zehn Meilen gegen den Wind. Ein Gruselkabinett von Unmenschen und Übermenschen, von Minder- und Überwertigen erschreckt und bedroht ihn mit genau dem, wonach er sich am stärksten sehnt: Reichtum ohne Arbeit, Freiheit ohne Gewalt. Im Interesse der Selbsterhaltung spaltet er ab, was er am intensivsten begehrt. Die Paranoia nimmt zugleich die Gestalt der Projektion an. Er beginnt, „den Juden aus sich selbst zu entfernen" (Hitler 1920, 415). Der Jude erhält das zu Pogrom und Vernichtung ermächtigende Privileg zugeteilt, das dem zum bürgerlichen Subjekt formierten Individuum rundweg Unerträgliche zu verleiblichen. Der Antizionismus, wo er nicht gleich, wie es sich eigentlich gehört, auch subjektiv nazistisch ist, stellt die Form dar, in der ‚die Linke' im formalen Gegensatz zur politischen Klasse und zur Macht ihre wirkliche Einheit mit dem Staat als solchem bekundet.

Weil der moderne Antisemitismus, nach Auschwitz, genötigt ist, als Antizionismus aufzutreten, gilt Israel, dem ‚Judenstaat', die gewohnte Projektion. Israel ist die ideale Leinwand bürgerlicher und alternativer Alpträume, gerade in Deutschland. Was man selber will, wozu man aber einstweilen als unfähig sich erweist, das wird den Israelis als Vorsatz und Tat unterstellt. Nur so wird der penetrante Hinweis darauf, die Israelis fühlten sich als das ‚auserwählte Volk‘, an dessen Wesen die Welt genesen soll, verständlich – an die Sonne will man selber. Die Juden sind es, die die Gleichheit verweigern. In der Denunziation, sie seien elitär und arrogant, kurz: volksfeindlich und gleicher als gleich, kommt ans Licht, daß man selbst zu Höherem sich berufen fühlt und danach giert, sein Licht nicht länger unter den Scheffel stellen zu müssen. Sie haben, was der Antisemit will, sie verhindern, daß er es bekommt: die Blutsbande, die dicker sind als Wassersuppe, nationale Identität, Gemeinschaft im Volk, fraglose Einheit als Eigenschaft von Natur und Rasse, Synthesis von Individuum und Gesellschaft jenseits von allgemeiner Konkurrenz und Futterneid. Die gesellschaftlich um die Vernunft gebrachten, auf den Verstand zurückgeworfenen atomisierten Einzelnen sehnen sich nach ihrem Untergang und ihrer Verschmelzung im repressiven Kollektiv, das endlich Ruhe, Ordnung und Überblick schafft. Was dem entgegentritt oder entgegensteht wird in das ‚Wesen des Jüdischen‘ projiziert, von dem nur loszukommen sei, indem es ausgetilgt wird.

Zur Projektion gesellt sich der Verfolgungswahn, die politisch gewendete Paranoia. Wer sich selbst in panische Vernichtungsangst halluziniert, der braucht um Anlässe zur Notwehr nicht verlegen zu sein. Die Juden sind ihm die „Gegenrasse" (Hitler) und ihr staatsförmiges ‚Gebilde‘ das Gegenbild zu ordentlicher Staatlichkeit. Der moderne Antisemitismus ist ein Antisemitismus nicht trotz, sondern gerade wegen Auschwitz: Er wird den Juden Auschwitz nie verzeihen und ihnen nie vergeben, daß sie die Deutschen um die Volksgemeinschaft betrogen haben. In allem, was ‚nationale Identität‘, sei es in Deutschland oder in Palästina, unmöglich macht, scheint der Feind präsent und wittert der antisemitisch-antizionistische Wahn die ‚Gegenrasse‘ an der Arbeit. Was er aufbaut, das reißt sie nieder; was er bejaht, das verneint sie; wozu er sich bekennt, das bekrittelt sie schamlos. So fühlen sich die feindlichen Zwillinge, die rechten Antisemiten und die linken Antizionisten, vom „Dämon des ewigen Verneinens" (Rosenberg

1934, 462), vom Gespenst der Kritik mit dem Rücken an die Wand gedrängt. Mordlust lügt sich zu Notwehr um, Ausrottungswünsche erscheinen als existentielle Vernichtungsangst.

Projektion und Paranoia pinseln am Bild Israels und malen es als Tableau der Traumata und Katastrophen der bürgerlichen Gesellschaft in Deutschland. Sie können ihren im Kern antisemitischen Charakter auch dann nicht kaschieren, wenn sie, was am Fall Jenninger sich manifestierte, philosemitisch sich aussprechen (Meinhof 1967). Der ‚gute Jude' Israel bedeutet den Rechten das, was ‚der Zionist' den Linken ist: eine gute Gelegenheit zur Wiedergutmachung der Nation, eine willkommene Chance zur Neubewertung der Geschichte.

Der Krieg um Kuwait, die Konfrontation zwischen dem US-Imperialismus, der die der kapitalisierten Weltgesellschaft unverzichtbare Funktion des militanten Souveräns wahrzunehmen hatte, und dem irakischen Sub-Imperialismus (der, fast wider Willen und doch vom ökonomischen Bankrott zum Raubzug und zur militanten Schuldentilgung gezwungen, stellvertretend für den ehemaligen und vielleicht künftigen großen Bruder, dessen vermeintlichen ‚Brückenkopf' um ein Haar mit deutschem Giftgas beschoß) offenbarte schlagartig, wie weit, unter tätiger Beihilfe klerikaler Pazifisten (Brumlik 1991), die Dinge gediehen sind. Hatte das negativ auserwählte Volk der Deutschen vor einem Jahrzehnt noch darunter gelitten, im Visier des US-Imperialismus zu leben und vom „atomaren Holocaust" sich bedroht zu fühlen, so offenbaren die Raketen auf Israel nun, daß die Scham endgültig vorbei ist. Der verschämte und moralisch aufgeplusterte Antisemitismus, der den demagogischen Elan der Agitation gegen „atomaren Holocaust" und antideutschen „Exterminismus" (Rudolf Bahro) ausmachte, hat sich zur herzlichen Gleichgültigkeit gegen Israel gemausert, dem man alles Schlechte an den Hals wünscht, ohne selbst schon Hand anlegen zu wollen. Das völkische Bewußtsein der Regierenden und das ihrer Alternativen schürzt das Problem zum gordischen Knoten: Daß ausgerechnet der „alttestamentarische Staat" Israel, wie ihn das TV titulierte, so ziemlich der einzige Staat war, der jahrelang den ‚gerechten Kampf' des kurdischen Volkes für ‚nationale Selbstbestimmung' unterstützte, ficht es nicht an.

Israel, ob in Gestalt des ‚guten Juden' der Herrschenden oder als zionistischer „Terrorstaat" (Rose 1991), ist, ganz unabhängig von der wirklichen Situation im Nahen Osten, die ideale Leinwand zur Projektion deutscher Sehnsüchte. Ob nun die Linken den Rechten vorwerfen, sie instrumentalisierten unterm Bann der ihnen vom Chewing-gum-Imperialismus angedrehten ‚Kollektivschuld' das schlechte Gewissen der Deutschen zur Aufrüstung des ‚imperialistischen Brückenkopfs' Israel, oder ob die Rechten den Linken vorhalten, ihr Pazifismus, der sonst so gerne „Waffen für El Salvador" spendet, treibe jetzt Appeasement mit Hitlers Wiedergänger – allesamt triumphieren sie darüber, daß ihnen Geschichte und Vernunft keinen Pfifferling bedeuten. In dieser Frage kennt Deutschland keine Parteien mehr. Der unbändige Triumph über die Endlagerung der Geschichte in Palästina feiert den, wie die FAZ jubilierte, „sich abzeichnenden Verlust von Auschwitz als Dreh- und Angelpunkt des politischen Denkens, als Fluchtpunkt deutscher Geschichte, als negativer Gottesbeweis und einmaliger Zivilisationsbruch, als singuläre deutsche Erbschuld und als in Ewigkeit festzuschreibende Basis deutschen Selbstverständnisses". Der kleine und ganz folgenlose Unterschied besteht nur darin, daß sich die Linken aus Dummheit und Verblendung freuen, die Rechten dagegen im zynischen Bewußtsein ihres Zwecks, ihrem gerechten Anteil an „der in der Welt auszuübenden Gewalt" (FAZ), wieder ein gut Stück nähergekommen zu sein und langsam zur Weltmacht wegen Auschwitz zu avancieren.

Mögen die Formen, die Projektion und Paranoia annehmen, auch verschieden sein, ihr Inhalt ist der gleiche: Der Vernichtung darf nicht eingedacht werden. Die objektive Konsequenz der bürgerlichen Gesellschaft: Barbarei (Pohrt 1980, 66 ff.), die in Deutschland durchbrach, muß verdrängt werden. Undenkbar und unvorstellbar bleibt dem interessegeleiteten Handeln, seinem Verstand wie seiner Logik, die nazistische „Selbstaufhebung des Kapitals auf eigener Grundlage" (Marx), der negative Bruch mit der Zweck-Mittel-Rationalität, der, wenn auch aus en detail historisch rekonstruierbaren Gründen, in einen Zustand führte, der en gros im Jenseits von Verstand und Vernunft liegt. Daran hat die Projektion ihren Stoff: Es muß doch, so rechnet das Interesse und so kalkuliert der auf Logik getrimmte Verstand, einen irgend begreifbaren Zusammenhang von Täter und Opfer geben. Der gesunde Menschenverstand kommt gern zu Hilfe: Weil ihm nichts Menschliches fremd ist, darum muß auch Auschwitz nicht nur beschrieben und erzählt, sondern verstanden und erklärt werden. Dies ist nichts weiter als die subjektive Rationalisierung des gesellschaftlich vollzogenen Bruchs mit Ratio überhaupt und stellt nichts anderes dar als den Versuch, die objektive Unmöglichkeit eines dem Maßstab bloßer Logik genügenden Begriffs der Massenvernichtung ebenso methodisch-systematisch wie subjektivistisch-positivistisch zu überspielen.

Die Geschichte der marxistischen wie bürgerlichen Faschismustheorien liefert die Chronik dieser Rationalisierung. Das Problem wird entweder positivistisch kleingeschrieben oder metaphysisch überhöht. Mal soll, sagen die Rechten, dem privaten Wahn des Adolf Hitler und seinem demagogischen Talent zuzuschreiben sein, was da über die Juden hereinbrach, das andere Mal soll, parieren die Linken, die Verschwörung der Finanzkapitalisten schuld sein: ein „Rat der Weisen" also – wie ein populärer DEFA-Film heißt –, der konsequent und wohl überlegt auf die „Ökonomie der Endlösung" zusteuerte, um die Profitrate zu erhöhen (Wehrle 1988). Selber mit Verschwörungstheorien arbeitend, suggerieren die Vertreter des ,StaMoKap' ganz in der Tradition der stalinistischen Analysen Georgi Dimitroffs, der Totalitätscharakter kapitalförmiger Vergesellschaftung ließe sich auf die bewußte Interessenvertretung von Kapitalisten reduzieren. Wo aber ökonomische Ratio herrscht, da ist das Verstehen noch der Vernichtung um ihrer selbst willen möglich (erschütterndstes Beispiel: Kaiser 1975).

In seiner extremsten Variante riskiert der Marxismus-Leninismus nicht nur die Vermutung, Zionismus sei wesentlich Faschismus, sondern fast schon die Behauptung, die Zionisten hätten Hitler erfunden, um ihren Staat zu begründen. Derlei ist gewiß extrem, aber abseitig ist es nicht: Die Protokolle eines sogenannten *Antizionistischen Komitees der sowjetischen Öffentlichkeit* müssen keineswegs unterm Ladentisch kursieren, sondern werden von der Zeitschrift *Al Karamah. Zeitschrift für die Solidarität mit dem Kampf der arabischen Völker und dem der drei Kontinente* in Marburg verbreitet, die in jeder ordentlichen linken Buchhandlung zu haben ist. Vermittels der Behauptung „Zionismus und Faschismus – zwei Seiten einer Medaille" (Antizionistisches Komitee 1984) gelingt es der Avantgarde des organisierten Antisemitismus von links, die Beziehung von Opfer und Täter zu stiften. Es muß eben doch irgend etwas dran gewesen sein am Antisemitismus der Nazis, von nichts kommt nichts und wo es raucht, da muß allemal ein Feuer sein. An sein logisches Ende kommt der Antizionismus, wenn er sich auch offen ins Bündnis mit den Antisemiten von rechts begibt – so ist der Fall bei der Nahostgruppe Freiburg (Nahostgruppe 1988; Spehl 1978; ISF 1990, 106 ff.).

„Hitler hat den Menschen im Stande ihrer Unfreiheit einen neuen kategorischen Imperativ aufgezwungen: ihr Denken und Handeln so einzurichten, daß Auschwitz sich nicht wiederhole. Dieser Imperativ ist so widerspenstig gegen seine Begründung wie einst der Kantische. Ihn diskursiv zu behandeln, wäre Frevel: an ihm läßt leibhaft das Moment des Hinzutretenden am Sittlichen sich fühlen. Leibhaft, weil es der praktisch gewordene Abscheu vor dem unerträglichen physischen Schmerz ist, dem die Individuen ausgesetzt sind, auch nachdem Individualität, als geistige Reflexionsform, sich zu verschwinden anschickt. Nur im uneingeschränkt materialistischen Motiv überlebt Moral" (Adorno 1966, 358).

In der Behauptung, Israel sei „ein faschistischer Staat" (Khella 1984), kommen Projektion und Paranoia zum ideologischen Beschluß. Die Transponierung der deutschvölkischen Aggression ins Judentum als ‚Gegenrasse' führt zur Rechtfertigung von Notwehr und Nothilfe gegen einen „jüdischen Faschismus", der gerade dabei sei, die Palästinenser als „die Juden von heute" (Spehl) zu vertreiben und zu vernichten. Kein Wunder, daß derlei Antizionismus nie von Juden oder Israelis, sondern konsequent von „Menschen jüdischen Glaubens" spricht und so tut, als wären sie wegen ihrer Religion ins Visier der Nazis geraten. So soll strategisch der Erkenntnis des Antisemitismus gekontert werden. Nichts verdrießt mehr als Mißtrauen gegen die Beteuerung, man wisse sehr wohl um den Unterschied zwischen „Zionist", „Jude" und „Israeli". Vielmehr, so wird entgegnet, bestehe der „alte zionistische Trick" gerade darin, die Begriffe zu verwirren. Der dies schrieb, der heutige Fan der „Zivilgesellschaft" und Redakteur der Zeitschrift *Kommune*, Joscha Schmierer, hat den Abonnenten des KBW-Theorieorgans *Kommunismus und Klassenkampf* 1974 die Sache ganz genau erklärt: Zur Immunisierung gegen diesen „alten zionistischen Trick" sei es sinnvoll,

> darauf hinzuweisen, daß eines der wichtigsten Bildungserlebnisse von jungen Deutschen nach dem Zweiten Weltkrieg der tiefste Abscheu vor dem Antisemitismus gewesen ist und daß dieser Abscheu sie lange daran gehindert hat, den wirklichen Charakter des Zionismus und des israelischen Staates zu erkennen. Insofern hat der Trick verfangen; die Taten und die ununterbrochenen Aggressionsakte des israelischen Staates öffnen aber immer mehr Menschen die Augen – nicht nur für die Gegenwart des israelischen Staates, sondern auch für seine Vergangenheit. Viele sehen: Genauso gerecht wie die Zerschlagung des Deutschen Reiches gewesen ist, genauso gerecht wird auch die Zerschlagung des israelischen Kolonialstaates sein (Schmierer 1974, 55).

„Der Abscheu vor dem Antisemitismus" als probates Mittel „der Zionisten", im Appell an Kollektivschuld die Deutschen daran zu hindern, die Nazis der Gegenwart zu erkennen – ob mit Klassen- oder Rassenkampfargumenten, das Resultat ist das haargenau gleiche: die Wiedergutmachung der Nation und das gute Gewissen zur fiesen Praxis. So geben die Antizionisten ein Beispiel dafür, daß der Ausdruck „rote Faschisten" (Reich 1939) kein schreiender Unfug ist, wie es sich von Vernunft wegen gehörte.

3. Grenzen der Aufklärung

Zwei New Yorker Intellektuelle beim Small talk während einer Party. Sagt der eine zum anderen: „Du, ich habe einen Essay geschrieben, gegen den Antisemitismus." – „So? Wie schön! Ich bevorzuge Baseballschläger" (Woody Allen).

Nach der Seite des Individuums hin betrachtet wären antisemitische Projektion und antizionistische Paranoia vielleicht heilbar und psychoanalytisch zu therapieren. Aber die verfolgende Unschuld spürt überhaupt keinen Leidensdruck, sie fühlt sich alles andere als krank; der Wahn macht gesund und erscheint als die blanke Normalität, weil die Masse der als Nationalstaatsbürger konstituierten Individuen ihn teilen muß und daher mindest diskutabel findet. Noch die Gegner der manifest pathologischen Fälle berufen sich, gerade unter Linken, auf Toleranz und Meinungsfreiheit und bekunden darin, daß der Pluralismus – als die subjektive Seite des Spiegelspiels der Politik – dem Antisemitismus vielleicht widersprechen, nicht aber widerstehen kann. Zumeist jedoch ist unter Anti-Antisemiten Apathie zu beobachten: Reflex der Tatsache, daß der Versuch, bei Antisemiten auf den zwanglosen Zwang des besseren Arguments zu setzen, dem Unterfangen gleichkommt, „einem Tier das Sprechen beizubringen" (Kolakowski 1956, 189).

Nach der Seite der Gesellschaft hin betrachtet sind Antisemitismus und Antizionismus ideologiekritisch nur zu brechen und praktisch nur zu kritisieren, wenn der gesellschaftliche Gehalt der antisemitisch-antizionistischen Agitation nicht subjektivistisch reduziert und durch die ‚gute Absicht' entschuldigt oder relativiert wird. Nur den Einzelnen gegenüber kann – privat – angenommen werden, daß nicht das gemeint wurde, was zum Ausdruck kam, mag es auch widerlich genug sein; dem Agitator dagegen muß, als öffentlicher

> Das Wesensmerkmal faschistischer Propaganda bestand nie in ihren Lügen, denn die Lüge gehörte mehr oder weniger schon immer und überall zur Propaganda. Wesentlich an ihr war, daß sie die uralte vorurteilshafte abendländische Neigung, Wirklichkeit und Wahrheit durcheinanderzubringen, ausnutzte, und das ‚wahr' machte, was bislang nur als Lüge bezeichnet werden konnte. Dies ist der Grund, der jede argumentative Auseinandersetzung mit Faschisten – die sogenannte Gegenpropaganda – so äußerst sinnlos macht; es ist, als ob man mit einem potentiellen Mörder diskutierte, ob sein künftiges Opfer tot oder lebendig sei, und daß man dabei vollkommen vergäße, daß Menschen töten können, und daß der Mörder, indem er die fragliche Person umbrächte, ohne weiteres den Beweis dafür erbringen könnte (Arendt 1989, 42).

Person, das Gesagte als wirklich Gemeintes auf den Kopf zugesagt werden. Der therapeutische Ansatz würde hier ganz im Gegenteil den Erfolg der Agitation befördern.

Aufklärung über die Formen und den Gehalt des Antisemitismus hat sich vielmehr eines materialistischen Begriffs von Ideologie zu versichern, von Ideologie nicht als Meinung, Irrtum oder Manipulation, sondern als der dem Subjekt objektiv und zwanghaft gebotenen Denkform negativer, und das heißt kapital- und staatsförmiger Vergesellschaftung. Zu reflektieren ist darauf, daß der Antisemit kein Verrückter und kein Irregeleitet-Verführter ist, sondern, wie nicht nur am Beispiel Schönhuber zu demonstrieren (Bröckling 1990), der barbarische Kritiker der geistigen und praktischen Formen kapitalistischer Vergesellschaftung. Hitler, so schon Adorno, hat „wie kein anderer Bürger das Unwahre im Liberalismus durchschaut" (Adorno 1979, 135). Der Antisemit im besonderen wie der Faschist im allgemeinen fungieren als das katastrophale Selbstbewußtsein der bürgerlichen Gesellschaft und als geistiger wie praktischer Vorschein ihrer barbarischen Selbstaufhebung.

Systematisch betrachtet, führt der materialistische Ideologiebegriff dazu, das nationale Wir, die geistige Keimform der Volksgemeinschaft, überhaupt und speziell den Satz „Ich als Deutsche(r)" ein für alle Mal unmöglich zu machen. Dieser Satz bezeichnet den theoretischen Schnittpunkt, die praktische Schaltstelle, an der die schizophren gedoppelte Existenz des modernen Individuums zwischen privatem Egoismus und staatsbürgerlichem Altruismus strategisch in den Realfiktionen von Volk und Nation beruhigt und stillgestellt wird, genauer: der Satz „Ich als Deutsche(r)" bezeichnet den strategischen Moment, an dem ‚nationale Identität' vom Subjekt bewußt angeeignet wird und als Praxis der tätigen Identifikation mit dem, was denn da deutsch sein soll, anhebt. Auf die dem Subjekt von Staats wegen gestellte Frage: Was ist deutsch? kann jedoch keine Antwort mit Anspruch auf allgemeine Geltung gegeben werden; die in der Frage suggerierte Anthropologie des Deutschen und die halluzinierte Ontologie des Deutschtums blamieren sich gleich am ersten konkreten Beispiel. Um das Wesen der(s) Deutschen an und für sich herauszufinden, bedarf es theoretisch einer ‚Gegenrasse' und praktisch einiger Menschen zum Totschlagen (Bruhn 1994).

Im Spiegelspiel der Politik denken und sprechen die Linken, die Mitte und die Rechten wie von selbst nach dem Schema der Nation und reklamieren das nationale Wir für ihr jeweiliges Interesse. So beleben sich Begriff und Sache der Nation gerade durch die parteilichen Versuche, sie zu interpretieren: Reproduktion der Einheit durch den Gegensatz hindurch, ein Prozeß ohne Subjekt, an dem doch alle Subjekte tatkräftig partizipieren, die vom ‚Selbstbestimmungsrecht der Völker' in einem anderen als denunziatorischen Sinne sprechen und es anders gebrauchen denn zur Bezeichnung des geraden Gegenteils der freien Assoziation von Individuen in einer staaten- wie klassenlosen Gesellschaft. Das gesellschaftlich urwüchsige nationale Wir drängt danach, den Antisemitismus, egal, ob den vor oder nach Auschwitz, als ein zur kapitali-

sierten Gesellschaft erst noch Hinzutretendes mißzuverstehen und ihn daher, ganz wie den Rassismus, entweder als persönliches Vorurteil über konkrete Menschen oder als bewußt inszeniertes Manipulationsmittel zu behandeln. Auf dem Boden des nationalen Wir bleibt der Gedanke notwendig wurzellos, daß es der Logik der Form Nation an sich geschuldet ist, wenn sie, in der Krise der sozialen Integration, zur offenen Darstellung und rabiaten Entbergung ihres latent antisemitischen und diskret rassistischen Gehalts treibt (ISF 1990, 30 ff.).

4. Der Staat und sein Produkt – die Nation

Die kapitalisierte Gesellschaft ist fundamental antisemitisch und strukturell rassistisch. Wie die ökonomische Wurzel des Antisemitismus in der objektiven Selbstverschleierung des produktiven Grundes der Ausbeutung zu finden ist, also in der Darstellung der Hierarchie der Fabrik in den die Ausbeutung verkehrenden Formen von Freiheit und Gleichheit der Subjekte auf den Märkten, so basiert sein politischer Grund darin, daß der kommandierende Souverän verdreht als Konsensus freier und gleicher Staatsbürger erscheint.

Nach der ökonomischen Seite betrachtet, kommt die Fabrik im Gedankenkonstrukt objektiver Ideologie nur als neutraler Ort und bloß technisches Mittel der Produktion von Gebrauchswerten vor, denen man ihren Charakter, Waren zu sein, nicht unmittelbar ansieht. Erst die Spiegelung des Warenwerts im Geld scheint den Gebrauchswert zur Ware zu befördern und damit dem Bedürfnis ernsthafte Hindernisse in den Weg zu legen. Das verblendete Bewußtsein erfährt den Preis als das zum nützlichen Ding Hinzutretende, als äußerlichen Sachverhalt. Entsprechend rabiat pocht es auf den ‚gerechten Preis'. Nicht, daß nützliche Güter Preise haben und erst recht nicht die Frage, ob sie überhaupt einen haben sollten, ist Bestimmungsgrund seines Interesses, sondern nur dessen Höhe und Billigkeit. Der ‚Gewinn' gilt als Lohn der Mühe und des Risikos des Eigentümers, der ‚Profit' dagegen scheint sich einem Aufschlag auf den Selbstkostenpreis zu verdanken, der in Zins und Zinseszins geradezu unverschämt wird. „Mein Geld soll genauso hart arbeiten wie ich", werben die Investmentfonds und geben das Maß gerechter Bereicherung vor. Ökonomisch betrachtet, produziert das Kapital die massenhafte Zwangsvorstellung einer Verschwörung gegen die direkte Aneignung des Gebrauchswerts, einer Verschwörung, die das Volk darum prellt, die Früchte seiner Arbeit auch selbst zu genießen. Diese Verblendung, politisiert sie sich, nimmt das Programm der gerechten Verteilung an und erklärt dem ‚arbeitslosen Einkommen' den Krieg. In der Polemik gegen die Befreiung von der Arbeit, die den ressentimentgeladen Haß auf den Luxus und die masochistische Lust auf negative Egalität herausschreit, sind sich die Linken mit den Rechten allemal einig. Der feine Unterschied, das heißt die genauere Begründung dieses Widerwillens als Klassen- oder als Rassenhaß, tut nichts zur Sache. Die Verblendung reproduziert sich als Ideologie durch jeden Widerspruch hindurch. Der Fetischcharakter des Geldes zwingt die Subjekte zur Apologie der produktiven Arbeit und damit zum Affront gegen sogenannte Parasiten und Schmarotzer.

Nach der Seite der Politik betrachtet, erscheint der Staat als im Prinzip nützliche Anstalt und als der selbstbewußte Ausdruck einer selbstregulativen Gesellschaft, als Instrument und Hebel von Interessen, der ‚als solcher' und ‚an sich' so neutral ist wie jedes Werkzeug. Demokratie, Ausdruck des Selbstbestimmungsrechts des Volkes, gibt sich als Gegenteil von Herrschaft und vielmehr als Instanz der Konstitution aller zu Herrschenden. Das allgemeine Wahlrecht ist der praktische Ausdruck einer politischen Synthesis, die die Unfreiheit in der Form der Freiheit setzt – und die daher um die allgemeine Wehrpflicht ergänzt werden muß. Als zu allem ermächtigtes Subjekt seiner Rechte ist das Individuum zugleich das total beschlagnahmte Objekt seiner Pflichten. Die Balance zwischen Rechten und Pflichten zu stiften und den Widerspruch auszuhalten, geht dem Staatsbürger ebenso ganz und gar auf eigene Rechnung und Risiko, wie es dem Wirtschaftsbürger überlassen bleibt, den ‚double bind': anständig konsumieren und asketisch produzieren, mit sich selbst auszutragen. Im System jedenfalls des demokratischen Staates kann Herrschaft nur als Anmaßung und Willkür verstanden werden. Der schier fugenlose Zweck-Mittel-Zusammenhang wechselseitiger Benutzung und gnadenloser Funktionalisierung der Menschen durch den Menschen, als den Kapital und Souveränität die Vergesellschaftung installieren, treibt die Subjekte dazu, die Unkosten von Freiheit und Gleichheit bewußt agierenden Interessenten zuzuschreiben. Der verdinglichte Zusammenhang des Ganzen wird personalistisch zwangshumanisiert und darin dem Verständnis zubereitet. Der demokratische Zirkel ist geschlagen, die Schlange beißt sich in den Schwanz: Weil alle herrschen, kann keiner mehr schuld sein. Die demokratische Egalität nimmt zur Vorstellung der unberechtigten Autorität Zuflucht, um sich die Welt zurechtzulegen. Zur Polemik gegen das arbeitslose Einkommen gesellt sich die Propaganda gegen das Privileg. Niemand hat das Recht, gleicher als gleich zu sein. Im Resultat begreift der Bürger seine Gesellschaft nicht als bürgerliche, sondern als feudale, und versteht seine Kämpfe nicht als systematisch gebotene Form der Konkurrenz kapitalimmanenter Interessen, sondern als Bewegungen zur Durchsetzung der Gleichheit. Der Fetischcharakter der Staatlichkeit provoziert die Individuen, nach denen zu fahnden, für die beständig Ausnahmen von der Regel veranstaltet werden.

So liegt es im politökonomischen Wesen bürgerlicher Subjektivität, daß dies Subjekt beständig gezwungen ist, seine Integrität zu behaupten und sich selbst zum juristisch verantwortlichen Zurechnungspunkt all seiner Unterlassungen und Taten aufzurüsten. Wie es im Rassismus die Verlockung der Faulheit negativ auslebt, so verwahrt es sich im Antisemitismus gegen den unlauteren Wettbewerb, der die abscheuliche Kehrseite seiner heimlichen Neigung, im Schlafe sein Geld zu verdienen, abgeben muß. Charaktermaske, die der Bürger ist, hat er seine Identität nicht an sich selbst, sondern nur als negative: als den zum Anti seines politökonomischen Selbst halluzinierten Feind. Gegen ‚oben' und gegen ‚unten' zugleich agierend, einerseits von allen Seiten belagert und andererseits einen Zwei-Fronten-Krieg ausfechtend, halluziniert er sich den omnipotenten Feind, der seine ökonomische Produktivität wie seine politische Loyalität sabotiert. Die Entscheidungsschlacht

HAKENKREUZFAHNEN IN TOKIO
Rechte Organisation ruft zum Kampf gegen „die Juden" auf

Tokio, 4. Juni (dpa). Im Zentrum der japanischen Hauptstadt sind in der Nacht zum Donnerstag zahlreiche Laternenpfähle mit Plakaten beklebt worden, die die schwarzweißrote Hakenkreuzfahne der deutschen Nazis zeigen und zum Widerstand gegen Freimaurer und Juden aufrufen. Eine rechtsradikale Organisation, die sich „Rassische Studiengruppe der Naturalsozialistischen Liga" nennt, fordert die Japaner zum Widerstand gegen alle fremden Einflüsse auf: „Der eigentliche Grund für die scharfe Steigerung der Landpreise in Japan ist eine Verschwörung multinationaler Unternehmen, japanische Firmen zu übernehmen", heißt es im Text. „Wir müssen Japan vor den jüdischen multinationalen Unternehmen schützen, wir müssen Japan vor dem Eindringen fremder Rassen schützen und wir müssen die Verschwörung der Freimaurer ans Licht bringen", heißt es weiter. Die bisher kaum bekannte Gruppe brachte mit ihrer Plakataktion eine antisemitische Welle auf die Straße, die Japan seit Monaten überspült, sich bisher allerdings weitgehend auf die Buchläden beschränkte: Der Politologieprofessor Yasushi Yamaguchi hat inzwischen schon 82 Bücher mit antisemitischer Tendenz gezählt, von denen einige eine Auflage von mehreren hunderttausend Exemplaren erreichten. In den meisten werden „die Juden" dafür verantwortlich gemacht, daß der Dollar im Vergleich zum Yen tief abgesunken ist und damit die japanischen Exportchancen extrem verschlechtert wurden (*Frankfurter Rundschau* vom 5.6.1987).

gegen die faulen Nutznießer produktiver Arbeit muß zugleich gegen die unberechtigten Teilhaber an den Ergebnissen seiner politischen Loyalität geschlagen werden: Wer nicht arbeitet, hat keinen Anspruch auf gute Regierung; wer illoyal ist, kein Recht auf Lebensunterhalt.

Der Staat der bürgerlichen Gesellschaft erweist sich darin als etwas ganz anderes denn als bloßer ‚Überbau'. Der Nationalstaat als seine notwendige Existenzform ist mehr als nur ein von der ‚Basis' einigermaßen abgehobener oder relativ autonomer, dafür aber gewaltbewehrter Agent von Kapitalisten. Der Staat konstituiert das Kapital im gleichen Verhältnis, wie das Kapital den Staat inauguriert. Als Nationalstaat stellt er den Zwang zur Einheit in Begriffen der Homogenität und in Praktiken der Homogenisierung dar, entweder, liberal, als Gleichheit aller im Recht, oder, proletarisch, als Egalität der Arbeit, oder gar, faschistisch, als Gleichheit aller vor Volk und Rasse. Was in Begriff und Sache der Nation angelegt ist: Identität der Subjekte nicht als konkrete Individuen, sondern als Charaktermasken, das gelangt zur Erscheinung nach Maßgabe der Erfordernisse politischer Integration und im Verhältnis zu den Bedürfnissen ökonomischer Akkumulation. Der Nationalismus tritt zum Nationalstaat nicht hinzu, sondern er ist die naturgegebene Weise, die Nation als Ganzes zu reproduzieren. Homogenität, die Gleichartigkeit der Gleichen, erzeugt ihre eigene Logik und treibt in der Krise zum Umschlag in völkische (oder proletarische) Gleichheit.

Was mit der bürgerlichen Gesellschaft seinen Anfang nimmt, der Kampf gegen das von der *FAZ* offen als „wurzellos" denunzierte „Weltbürgertum", das kommt zum Ende in der Vernichtung der ‚Kosmopoliten', der sich die nationalen Sozialismen bolschewistischer und völkischer Konfession verschrieben haben. Derart negative Aufhebung der an sich selbst schon kategorial wie praktisch antisemitischen und rassistischen Nation radikalisiert den stummen Zwang zur brüllenden Gewalt. Keinerlei Grund also für Bürger, über Hitler und Stalin sich erhaben zu fühlen, und überhaupt kein Anlaß, die Totalitarismustheorie nicht selbst aus dem totalen Charakter negativer Vergesellschaftung durchs Kapital als notwendig falsches Bewußtsein zu entwickeln – aber Anweisung darauf, Nation als den Widerspruch zur Idee freier Assoziation und Volk als den Widerpart zum freien Verein vernünftiger, das heißt entsubjektivierter Individuen zu begreifen.

Nation und Nationalismus haben den Linken nichts anderes zu bedeuten als Gegenstände theoretischer Kritik und praktischer Aufhebung. Nation ist, auf dem Niveau von Weltgesellschaft, das Pendant zur ökonomischen Konkurrenz. Ihre politische Form: Nationalismus, ist nichts anderes als die auch bewußte Anschmiegung an Herrschaft und die absichtliche Aneignung ihres Wesens: Totschlag, Mord, Massaker, Pogrom – an Herrschaft, deren Wesen (und deren Funktionären) es herzlich egal ist, ob ihre Anhänger sie als Herrschaft der ‚Arbeiterklasse' oder des ‚deutschen Volkes' deuten. Nur Arbeiter, Bürger und Volksgenossen brauchen Vaterland und Muttersprache; und so könnte der Verdacht, dies exakt gegen Null gehende Verständnis für Nation und Nationalismus beweise die Unfähigkeit zur konkreten Negation, so lange in Ruhe ausgesessen werden, bis die bürgerlichen Freunde des ‚Selbstbestimmungsrechts der Völker' à la Woodrow Wilson, die proletarischen Sympathisanten des ‚Selbstbestimmungsrechts der Völker' à la Lenin und die völkischen Fans dieses ‚Selbstbestimmungsrechts' à la Adolf Hitler ihre Meinungsverschiedenheiten beigelegt und ein Konsens-Dissens-Papier vorgelegt haben. Zu fragen ist aber schon jetzt, ob die Leninsche Unterscheidung zwischen „herrschenden" und „beherrschten" Völkern mit dem Hitlerschen Antagonismus von „plutokratischen" und „proletarischen" Nationen nicht zumindest das eine gemein hat: die Unfähigkeit zum Bruch mit Herrschaft und Ausbeutung.

Weil die Rede vom ‚Volk' zu nichts anderem taugt als zur kritischen Kategorie, zur Bezeichnung einer Zusammenrottung von zu Subjekten konstituierten Individuen zu Staatszwecken und damit zum Menschenmaterial von Herrschaft, gehört ihr Gebrauch unter Linken verboten. Und weil die Propaganda für das ‚Selbstbestimmungsrecht der Völker' fundamental antisemitisch und strukturell rassistisch ist, darum hat sie in der Linken nichts verloren.

5. Warum ‚Zionismus‘?

Alle reden von ‚Zionismus‘ statt vom israelischen Nationalismus. Was ist nun, vor dem Hintergrund eines materialistischen Begriffs der Nation, von ‚Zionismus‘ und ‚Antizionismus‘ zu halten? Und warum ist die Behauptung richtig, daß der ‚Antizionismus‘ nur die Erscheinungsform des Antisemitismus von links darstellt? Alles entscheidet sich an der Frage, warum die ‚Antizionisten‘ konstitutionell unfähig sind, die Existenz der israelischen Nation zuzugeben.

Es fällt auf, daß ‚Zionismus‘ im Gebrauch deutscher ‚Antizionisten‘ mehr ist als nur ein Name für den Nationalismus der Juden vor der Gründung Israels und den der Israelis danach. Wenn die israelische Linke gegen den Nationalismus in Gesellschaft und Staat angeht und das dann „Antizionismus" nennt, entspricht das der Tradition und ist ein bloßer Name für diese Kritik. In Deutschland und unter den Freunden des homogenen Volkstums generell dagegen ist ‚Antizionismus‘ Anzeichen der Projektion und daher kein Name für eine Sache, die vielleicht auch ganz anders heißen könnte, sondern vielmehr eine Chiffre und ein Code. In ihm schwingt verschlüsselt mit und wird diskret bedeutet, was unter Linken gedacht und gefühlt wird, was aber nur Rechte öffentlich sich zu sagen trauen. Warum eigentlich distanzierten sich Linke von der Antizionistischen Aktion eines Michael Kühnen, ohne jemals den ‚Antizionismus‘ zu kritisieren und obwohl sie selbst den Juden in ihrer Eigenschaft als ‚Zionisten‘ immer den religiösen Machtwahn eines ‚auserwählten Volkes‘ unterstellen, nie jedoch simple Staatsräson? ‚Zion‘, die Assoziation aufs Religiöse, ist es, die dem Antisemiten unverzichtbar ist. Daher erklärt sich auch die unter ‚Antizionisten‘ diszipliniert beachtete Sprachregelung von den „Menschen jüdischen Glaubens". Und Zionismus, das klingt dem modernen Antisemiten doch schon ganz anders in den Ohren als die ernüchternde Rede von einer israelischen Nation, die dann nicht schlimmer sein könnte als jede andere Gesellschaft, die Volk spielt.

Dem ‚Antizionisten' kommt es im Gegensatz zum Zionismus-Kritiker darauf an, dem allgegenwärtigen Verdacht Futter zu geben, die Juden seien gar kein Volk, sondern eine Verschwörung. Kein jüdischer Antizionist, und mag er auch mit den ‚Antizionisten' von links gemeinsam „Zionismus = Faschismus" skandieren und dabei Transparente hochhalten, auf denen sich Hakenkreuz und Davidstern innig umschlingen, wird unter ‚Zionismus' das verstehen, was rechte und linke ‚Antizionisten' unisono immer schon voraussetzen, nämlich daß

> der Jude keinen Patriotismus (hat) und auch keinen haben (kann); völlig eins fühlt er sich mit seinen Stammesgenossen in aller Welt... Seine Gastvölker sind ihm nur Ausbeutungsobjekte und bei ihnen heuchelt er gelegentlich den größten Patriotismus aus Gründen, die ihm selbst oder seinem Volk zustatten kommen. Er wird in jedem Augenblick bereit sein, sein Gastvolk zu verraten, wenn dies sein oder seines Volkes Interesse erheischt.

Das meinte der erklärte Antisemit Hermann Ahlwardt im Jahre 1891 (zit. nach Rotermundt 1980, 62). Und ein „Antizionist" von links, Juri Iwanow, drückt sich im Jahre 1969 folgendermaßen aus:

> Moderner Zionismus ist die Ideologie, das weitverzweigte System von Organisationen und politischer Praxis der reichen jüdischen Bourgeoisie, in Verbindung mit den monopolistischen Kreisen der USA und anderer imperialistischer Mächte... Der zionistische Konzern ist zugleich selbst eine der ausgedehntesten Kapitalverbindungen, ein selbsternanntes Ministerium für Angelegenheiten des Weltjudentums, ein internationales Geheimdienstzentrum und eine gutorganisierte Dienststelle für Täuschungs- und Propagandazwecke. Das hauptsächliche Ziel ... ist die Sicherung von Profit und Reichtum innerhalb des kapitalistischen Systems, seiner Macht und parasitären Prosperität (zitiert nach Abosch 1972, 32 f.).

Weil wir uns hier beschränken müssen, nur noch zwei Zitate:

> Moderner Zionismus ist, bestenfalls, der ohnmächtige Versuch eines zu produktiver Leistung ohnmächtigen Volkes, meistens der Versuch, sich ein neues Aufmarschgebiet für Weltbewucherung zu verschaffen (Rosenberg 1938, 86).

> Der Befreiungskampf des deutschen Volkes ist noch nicht beendet, noch befindet sich ein Teil unseres Vaterlandes in der Hand der Imperialisten... Der Kosmopolitismus, der gegen die nationale Souveränität der Völker polemisiert und das Nationalbewußtsein als eine überholte und unmoderne Gefühlsduselei abtut, redet einem wurzellosen Weltbürgertum das Wort und rät den Völkern, ihre nationale Selbständigkeit im Interesse eines imaginären allgemeinen Wohls über Bord zu werfen. Dabei handelt es sich hier um nichts anderes als um das Wohl der amerikanischen Finanzmagnaten, die mit dieser Ideologie die Völker veranlassen wollen, sich ihrer nationalen Selbständigkeit zu begeben, damit das USA-Kapital willenlose Sklaven für die Durchführung seiner Pläne zur Verfügung hat (Otto Grothewohl 1950, zitiert nach Venohr 1989, 55 f.).

Dem jüdischen oder israelischen Antizionismus muß die antisemitische Konnotation, die suggeriert, die Juden seien qua Rasse und von Natur auf ‚Parasitismus' – so vornehmlich die rechten – und ‚Kosmopolitismus' – so vor allem die linken ‚Antizionisten' – verpflichtet, logischerweise fehlen – denn sie selbst sind meist nur fleißige Nationalisten. Zwar finden sich hier die schärfsten Polemiken gegen den Zionismus als „jüdischen Antisemitismus" und die beständige Warnung davor, daß „der nationaljüdischen Bewegung keine der Lügen des Antisemitismus Mittel zum Zweck des Zionismus sein darf" (Carlebach 1934), aber nie taucht die fixe Idee auf, die Juden, nenne man sie nun Zionisten oder nicht, seien der Feind aller Völker. Man darf den ‚Antizionismus' vor allem dann, wenn er von Deutschen vorgetragen wird, nicht von seiner Entstehung und Geschichte her betrachten, sondern einzig von seiner Wirkung auf völkisch gestimmte Gemüter und auf Menschen, die, wie eben vor allem die Deutschen, unter dem Entzug nationaler Identität leiden. Nichts anderes beuten die

Der ganze Zionistenstaat soll nichts werden, als die letzte vollendete Hochschule ihrer internationalen Lumpereien und von dort aus soll alles dirigiert werden und jeder Jude soll gewissermaßen noch eine Immunität bekommen als Staatsbürger des palästinensischen Staates (Heiterkeit!) und nebenbei behält er naturgemäß unsere Staatsbürgerrechte auch noch; aber er erreicht eines damit: Wenn Sie nämlich einen Juden wirklich einmal auf frischer Tat ertappen sollten, so ist das kein deutscher Jude mehr, sondern ein Bürger von Palästina (Heiterkeit!) (Hitler 1920, 406).

Dieser Zionismus gibt vor, einen ‚Judenstaat' gründen zu wollen; in einigen Führern mag vielleicht auch ganz ehrlich der Wunsch eines Unerlösten lebendig geworden sein, auf eigener Scholle die Lebenspyramide der ‚jüdische Nation' zu erbauen, also ein *senkrechtes* Gebilde, im Unterschied und Gegensatz zum *waagerecht* Geschichteten des bisherigen Daseins. Das ist, von urjüdischer Seite aus betrachtet, eine fremde Ansteckung der Völker Europas durch das Nationalgefühl und die Staatsauffassung. Ein Versuch, wirklich eine organische Gemeinschaft jüdischer Bauern, Arbeiter, Handwerker, Techniker, Philosophen, Krieger und Staatsmäner zu bilden, widerspricht allen Instinkten der Gegenrasse und ist von vornehrein zum Zusammenbruch verurteilt, wenn die Juden wirklich unter sich gelassen würden... (Die) ‚Welthoffnung' der ‚Auserwähltheit' muß aber darin bestehen, an alle Nationen angesaugt zu leben und Jerusalem nur als ein zeitweiliges Beratungszentrum auszugestalten, von dem aus die jahrtausendalten Instinkte durch ausgebaute Vernunftpläne gestärkt werden könnten. Somit wäre dann der Zionismus keine staatspolitische Bewegung, wie unverbesserliche europäische Schwärmer behaupten, sondern eine wesentliche Stärkung gerade der horizontalen Schmarotzerschicht des geistigen und stofflichen Zwischenhandels. Die Begeisterung des Zionisten Hollitscher für das Moskauer Rassenchaos ist deshalb so bezeichnend, wie die Untersuchung des Zionisten Buber, der Proasiatismus des Zionisten Höflich, die Einheitserfassung des Vater Jakob mit Rosa Luxemburg durch den Zionisten Kohn. Der alte Mythus der Auserwähltheit züchtet eine neue Typik des Schmarotzers heran mit Hilfe der Technik unserer Zeit und der Allerweltszivilisation einer seelenlos gewordenen Welt (Alfred Rosenberg 1934, 465 ff.).

deutschen ‚Antizionisten' von links aus, wenn sie sich auf den israelischen oder jüdischen Antizionisten positiv beziehen.

Der ‚Antizionismus' sorgt sich, wie der manifeste Antisemitismus, um die Einheit von Volk und Staat. Produktive Arbeit und politische Loyalität sind es, die ex negativo an den Juden illustriert und in der Jagd auf sie forciert werden sollen. Dazu gehört, den Juden als der ‚Gegenrasse' mit der Fähigkeit zur Arbeit auch die zur Staatsgründung zu bestreiten. Dies insinuieren die unter ‚Antizionisten' üblichen Gänsefüßchen beim sogenannten „Israel" oder die Sprachregelung, es ein „Gebilde" zu nennen. Wer das ‚Selbstbestimmungsrecht der Völker' für eine prima Sache hält, der gerät, spätestens sobald es um Israel geht, in den Denkzwang, erklären zu müssen, wie ein an sich gesundes Ganzes entarten und erkranken kann – offenkundig, wie der gesunde Körper durch Viren und Bazillen, nur durch Hinzutreten eines äußeren Faktors: durch Agenten und Volksfeinde also. Israel, zum Generalfeind nationaler Identität und zum antivölkischen Volk schlechthin geadelt, hat den Unterschied zwischen guter Herrschaft und willkürlicher Regierung zu veranschaulichen.

Daß der Zionismus als die nationale Befreiungsbewegung der Juden verstanden wird und sodann als ein in Deutschland unmöglicher Name für den Nationalismus Israels, ist die Vorbedingung jeder Diskussion.

6. Warum ‚Antizionismus‘ Antisemitismus ist

Was ist Zionismus? Was ist von der penetranten Behauptung zu halten, die Zionisten seien selbst Antisemiten und schürten den Judenhaß bewußt, um das Menschenmaterial für Groß-Israel, das Großdeutsche Reich der Juden, heranzuschaffen? Und stimmt an der demagogischen Behauptung, die Wesensgleichheit von Zionismus und Faschismus zeige sich nicht erst am Charakter Israels, sondern schon 1933, auch nur irgend etwas?

Aus dem indizienmäßigen Nachweis von Verhandlungen zwischen Nazis und Zionisten auf deren Wesensgleichheit zu schließen, ist schon deshalb absurd, weil die gleiche Methode, angewandt auf den Mufti von Jerusalem, den Chef der palästinensischen Nationalbewegung bis 1952, nichts anderes ergäbe als den Beweis für deren faschistischen Charakter. Dieser Rückschluß vom historischen Schein aufs Wesen ist deshalb illegitim und führt schon deswegen auf fatale Folgerungen, weil er die Vermittlung, die in der Logik der Politik liegt und sich in der Devise artikuliert, daß der Feind meines Feindes mein Freund sein muß, bewußt übergeht. So reduzieren sich die historischen und soziologischen Argumente für den Faschismus in Israel auf Propagandatricks rebellischer Linksnationalisten, die tatsächlich glauben, ihre Sache fände in den Metropolen dann Gehör und Unterstützung, wenn sie sich als antifaschistischer Kampf ausgibt: „... wir wollen auch gerne, daß dieser Status des Faschismus von unseren europäischen Kollegen anerkannt wird" (Khella 1984, 16; zum ML-Chauvinismus Khellas vgl. Interim 1991).

Erhebt die israelische Regierung nun den Vorwurf, der Antizionismus sei nur eine Tarnkappe für Antisemitismus, deshalb, weil er zutreffend und wahr ist, oder erhebt sie ihn nur aus strategischen Gründen, um jede Kritik an der Besetzung des Territoriums eines zukünftigen palästinensischen Staates zu diffamieren und zu bekämpfen? Diffamiert sie die Antizionisten in Deutschland und anderswo nur deshalb als Nazis, um mit der ominösen ‚Kollektivschuld' politische und finanzielle Erpressung zu betreiben?

Noam Chomsky, einer der gerade noch zitierfähigen Vertreter dieser These, unterstellt der israelischen Regierung, sie verharmlose den Neofaschismus als „antiquierten und anämischen Antisemitismus", kooperiere gar mit ihm und traktiere statt dessen die Linken als moderne Antisemiten. Chomsky, dessen Liberalismus im übrigen so weit geht, daß er Meinungsfreiheit für die Propagandisten der sogenannten ‚Auschwitzlüge' fordert, zitiert den früheren israelischen Außenminister Abba Eban, der 1973 gesagt hat: „Die Hauptaufgabe eines jeden Dialogs mit der nichtjüdischen Welt ist es zu beweisen, daß der Unterschied zwischen Antisemitismus und Antizionismus überhaupt kein Unterschied ist" (Chomsky 1991). Wer also, so der Vorwurf der Antizionisten, Antizionisten Antisemiten nennt, der betreibt das Geschäft der israelischen Regierung und ist, nur objektiv betrachtet, ein Agent des Mossad, ein Pressesprecher des Zionismus und Apologet der israelischen Okkupationspolitik.

Zu Abba Ebans These, Antizionismus sei Antisemitismus, sind, logisch, und das heißt hier: ideologiekritisch betrachtet, die folgenden Punkte zu beachten, die allesamt im Jenseits einer allfälligen *cui-bono*-Kritik liegen:

a) Abba Eban kann Recht haben, obwohl er ein israelischer Nationalist ist. Denn funktionalistische Argumente oder gar die soziologische Reduktion von Behauptungen auf Interesse tangieren den materialistischen Begriff der Wahrheit nicht und sind darum mindest uninteressant und meist selbst hochgradig ideologisch. Was ein Faktum ist und was eine empirische Tatsache, das vermag erst Theorie zu identifizieren. Außerdem ‚beweisen' Fakten nichts, sondern sie illustrieren und plausibilisieren Argumente, die an sich wahr sein können oder falsch, keinesfalls jedoch nützlich oder schädlich.

b) Wenn Abba Eban Recht hätte, fiele ihm diese Erkenntnis nicht als Resultat von Denken, sondern aus bloßem Zufall zu. Die Relation des subjektiven Erkenntnisvermögens aufs objektive Resultat bildet keinen kausalen Zusammenhang; sie erlaubt weder den Schluß von der Wahrheit des Erkannten auf die Vernunft des Erkennenden noch den umgekehrten von der Unvernunft des Erkennenden auf die Unwahrheit des Resultats. Der Zusammenhang ist gänzlich äußerlich und wesentlich unvermittelt: Denn der Staatsmann Abba Eban, der wie selbstverständlich in den Kategorien und Formen der Souveränität denkt, vermag als Politiker nur dann wirklichkeitsgerecht und effektiv zu handeln, wenn er die ökonomisch konstituierte Verkehrung der gesellschaftlichen Realität politisch verdoppelt. Und das heißt: Auch wenn er recht hätte, könnte diese Wahrheit seine praktische Politik nicht im mindesten beeinflussen und würde nur der Legitimation von Staatsräson dienen. Das macht: Weil die Politik derart naturwüchsig sich in den Kategorien von Freund und Feind darstellt wie die Ökonomie in denen von Nutzen und Nachteil, darum bleibt Wahrheit nicht einfach nur ortlos, sondern erscheint, findet sie zufällig doch statt, als ihr gerades Gegenteil, dient als taktischer Kniff und strategisches Mittel, als Propaganda und Desinformation.

c) Daß Abba Eban Recht hat, ergibt sich aus genau dem materialistischen Begriff der bürgerlichen Gesellschaft und ihrer ‚Judenfrage‘, die eine Antisemitenfrage ist, aus einem Begriff also, über den er, als Staatsmann und als Sozialdemokrat erst recht, nicht verfügen kann. Weil Abba Eban aus Gründen Recht hat, die zu begreifen ihm ganz fernliegen, nützt seine Erkenntnis weder ihm noch Israel noch den Juden. Weil nichts praktischer ist als eine gute Theorie, darum ist nichts unpraktischer und nutzloser als eine fix und fertige Wahrheit, deren theoretische Reproduktion ihrem Urheber oder Vertreter unmöglich ist.

d) Weil die Wahrheit einer Behauptung schlußendlich nicht aus ihrem Nutzen für irgendein bestimmtes Interesse oder einen bewußten Zweck abgeleitet werden kann, darum ist die Nutzlosigkeit einer Erkenntnis gerade für den, der sie ausspricht, kein Argument für ihre Unwahrheit, sondern bloß traurig.

Der Zionismus als die nationale Befreiungsbewegung der Juden und als Versuch der territorialen Lösung der Antisemitenfrage ist theoretisch aussichtslos und reproduziert praktisch das Dilemma, das er zu lösen antrat. So trifft ihn die Kritik, die jeder ‚nationalen Befreiungsbewegung' gilt (Gruppe Internationalisten 1990) – allerdings in einer Form, die auf die gesellschaftliche Gestalt der Antisemitenfrage zu reflektieren hat. Jede Kritik des Zionismus wie des israelischen Nationalismus hat zu bedenken, daß es unwahrhaftig wäre, die einzige Antwort, die den Juden auf den notorischen Antisemitismus sei es bürgerlicher, sei es staatskapitalistischer Gesellschaften nach der Pleite der proletarischen Weltrevolution und nach dem Bankrott der bürgerlichen Aufklärung noch blieb, mit besonderer Häme zu denunzieren. Zwar ist der Zionismus eine falsche Antwort auf den Antisemitismus, aber er war die den Juden einzig mögliche – ein Dilemma, das sowohl den bürgerlichen wie den proletarischen Zionismus ausmacht (Wildcat 1991).

Es stimmt: mit Israel hat der jüdische Nationalismus „das größte jüdische Ghetto in der Geschichte" schaffen müssen (Taut 1986, 241). Aber daran sind nicht allein die Zionisten ‚schuld', sondern vielmehr der Tatbestand, daß die bürgerliche Gesellschaft als Weltgesellschaft ihren internen Antisemitismus nach außen wendet und geopolitisch reproduziert. Darin liegt der Grund, warum es mindestens falsch und in Wirklichkeit antisemitisch ist, gegen Israel als das „Bollwerk des Imperialismus" im Nahen Osten zu polemisieren.

Der Zionismus ist die falsche Antwort auf den Antisemitismus, die sich, grauenhafterweise erst im nachhinein, als die einzige nach dem Zustand der Geschichte vorläufig angemessene erwiesen hat, während die immer noch richtige Antwort: Revolution für die staaten- und klassenlose Gesellschaft, vom Stalinismus zur weltfremden Utopie abseitiger Spinner erniedrigt worden ist. Darum sagen die Zionisten über den Antizionismus nichts als die traurige Wahrheit, die sie selber weder begreifen noch begründen können. Und wer meint, in Deutschland den Antizionismus ohne Antisemitismus haben zu können wie Erich Fried, der vertritt ihn ohne den Schimmer eines ideologiekritischen Bewußtseins und wird zum „nützlichen Idioten" (Lenin) der Agitation von rechts und links.

7. Das zionistische Dilemma

Der Zionismus ist die ‚richtig-falsche' Lösung der Antisemitenfrage. Und sie beweist, daß es die Juden, mögen sie sich auch auf den Kopf stellen, den Bürgern und ihren Alternativen nie und nimmer recht machen werden.

Die antisemitische Projektion auf den Zionismus als den Generalfeind der Menschheit und als Protagonisten der „Entwurzelung des palästinensischen Volkes" (Hashash 1991, 61) zeigt in ihren rechten wie linken Spielarten ein ebenso merkwürdiges wie doch aufschlußreiches Desinteresse an dem einzigartigen Vorgang der Konstitution einer bürgerlichen Staatsgewalt ex nihilo, an einem Fall nachholender Staatlichkeit mithin, der in der Geschichte insofern ohne Beispiel ist, als er sich nicht, wie in den USA, auf dem Gebiet sogenannter „geschichtsloser Völker" (Engels) abspielte, sondern auf dem Terrain des 1918 verblichenen Osmanischen Imperiums und damit in einer Region, deren Vergesellschaftung sich in quasi-absolutistischen Formen vollzog, die sowohl wegen ihrer weltgesellschaftlichen Ungleichzeitigkeit als auch der ihr unmöglichen Trennung von weltlicher und geistlicher Herrschaft den Übergang zur bürgerlichen Gesellschaft nicht aus sich selbst initiieren konnte. Die ‚Antizionisten' interessiert nicht, was unschätzbares Material zur historischen Fundierung und soziologischen Illustration der Konstitution von Souveränität im Rahmen einer „Kritik der Politik" (Agnoli 1990) liefern könnte und Feldforschung erster Klasse in Sachen Begriff und Kritik von Staatlichkeit als solcher erlaubte, sie interessiert nur das jüdische ‚Unrecht'.

Hat es jemals Staaten gegeben, die als bloß technische Apparate zur Gewährleistung von Rechten handelten? Wäre ein solcher Staat überhaupt denkbar? Ist nicht der Staat vielmehr das Subjekt der Rechte, der Souverän, der die Vergleichbarkeit der Individuen als Subjekte vermittels des Rechts und zum Zwecke der Akkumulation erst in Szene setzt? Die Vorstellung, Staaten seien die Umsetzung eines ‚Rechts auf nationale Selbstbestimmung' in die Wirklichkeit, erliegt der politischen Halluzination, Souveränität gründe im Boden des Territoriums und wurzele im Recht der ersten Landnahme.

Im Bann der idealistischen Parole vom ‚Recht auf Selbstbestimmung' behandeln die Antizionisten die Frage der Konstitution von Staatlichkeit wie es noch jede Verfassungs- und Staatslehre tut: als Problem von Recht und Moral. Am liebsten unterhalten sie sich daher über die Gretchenfrage, ob die Juden überhaupt ein „Volk" darstellen und daher „ein nationales Recht beanspruchen können" (Autonome Nahostgruppe 1988), wenden die Kriterien hin und her und kommen doch nie auf die Antwort, daß die politische Einheit eines ‚Volkes' sich keineswegs aus sprachlichen, kulturellen, geschichtlichen oder sonstigen Gründen herleitet, sondern aus der Installation politischer Zentralität, die in der Lage ist, Grenzen zu setzen und zu behaupten, Grenzen, die die Leute als ‚Volk' und daher als Material des Staates allererst konstituieren. Die Kriterien, die der Nationalismus, ob linker oder rechter Gesinnung, für die Existenz eines Volkes beizubringen vermag, sind willkürliche Illustrationen einer bereits installierten souveränen Herrschaft oder einer auf Staatsgründung erpichten Bewegung. Im Diskurs der Souveränität haben ‚Volk' und ‚Nation' den historischen Ursprung, die ontologische Würde und die durchschlagende Evidenz von Herrschaft zu begründen und ins Jenseits des Zweifels zu rücken – im politischen Denken des Zionismus, der die Gründung Israels als Resultat 2000jähriger Rechtsansprüche reklamiert, nicht anders als im arabischen Nationalismus, der mindestens Mohammed bemühen muß, oder im deutschen, der von Hermann dem Cherusker genealogisch sich ableiten möchte. Der Staat maskiert sich als Vollstrecker von Eigenschaften, die den Individuen als Subjekten empirisch anhaften: Sprache, Herkunft, Kultur etc. In Wirklichkeit realisiert er sich dagegen als wahrhaft eigenmächtiger Urheber der Abstraktion vom Konkreten und als

Garant einer Staatsbürgerlichkeit, die den einzelnen nicht als besonderes Individuum, sondern als Rechtssubjekt, als Charaktermaske wechselseitiger An- und Enteignung im Tausch setzt. Empirie ist der ideologische Vorhang abstraktiver Herrschaft; das Besondere und Konkrete sind der Rohstoff und das Material, an dem Herrschaft sich als naturnotwendige illustriert:

> Die kulturellen Fetzen und Flicken, derer sich der Nationalismus bedient, sind häufig willkürliche historische Erfindungen. Jeder beliebige alte Fetzen und Flicken hätte die gleichen Dienste getan. (Gellner 1991, 87)

Volk, als Staatsvolk, geht schon deshalb nicht in der Addition seiner Elemente auf, weil Einheit und Synthesis ihm nicht aus eigenem zukommen, sondern aus den Mechanismen der Vergesellschaftung. Das ‚Recht auf nationale Selbstbestimmung' gründet nicht auf einfachen Willensbekundungen, sondern auf Gewalt. Zwischen gleichen Rechten aber entscheidet in der Welt der Nationalstaaten – die keinen persönlich entscheidenden Souverän und daher auch keine letzte Instanz kennt – die Macht der stärkeren Bataillone.

Das Dilemma des Zionismus als nationaler Befreiungsbewegung der Juden liegt darin, die Juden als ‚Volk' und als Basis legitimer Staatsgewalt konstituieren zu müssen, genauer: wollen zu müssen, das heißt ein ‚Volk' zu produzieren, dessen ‚positive' Gemeinsamkeit zu Beginn des 20. Jahrhunderts – außer in den Restbeständen religiöser Tradition – in nichts anderem bestand als in der Negativität gemeinsamer vergangener, gegenwärtiger und wahrscheinlich künftiger Verfolgung. Die Gemeinsamkeit der Juden als ein ‚Volk' konnte weder aus ihrer fraglosen Einheit als Material einer Staatsgewalt abgeleitet, nicht über ihre zweifellose Synthesis als Subjekte einer Ökonomie rekonstruiert noch durch ihren unstrittigen Zusammenhang als Bekenner eines Glaubens gestiftet werden. Der objektive Grund ihrer Zusammengehörigkeit als Gemeinschaft der Verfolgten blieb den Juden – organisierten sie sich nun als bürgerliche oder proletarische Assimilatio-

> Die entscheidende Frage – was ist ein Volk? – läßt sich weder wissenschaftlich noch juristisch hieb- und stichfest beantworten. Wenn die Letten ein Volk sind, warum nicht auch die Schotten? Wenn die Kroaten ein Volk sind, warum nicht auch die Basken? Wenn sich der 'Freistaat' Bayern auf seinen Namen besinnt, hätte Bundeskanzler Kohl dann das Recht zurückzuschlagen wie weiland Abraham Lincoln? Kein Wunder, daß die Tragweite des Selbstbestimmungsrechts unter Völkerrechtlern heftig umstritten ist. Max Huber, der Präsident des Internationalen Gerichtshofes im Haag, sprach 1921 in einem berühmten Urteil den finnischen, überwiegend von Schweden bewohnten Aland-Inseln das Recht ab, sich mit Schweden zu vereinen: 'Das positive Völkerrecht erkennt Teilen des Staatsvolkes nicht das Recht zu, sich durch einen einfachen Willensakt von dem Staate zu trennen, dem sie angehören, und ebensowenig gibt das Völkerrecht anderen Staaten das Recht, eine solche Trennung zu verlangen'. Die Aland Inseln gehören heute noch zu Finnland (Uthmann 1991).
>
> Nehmen wir etwa den Fall des sahrouischen Volkes. Gibt es eine sahrouische Nation? Wenn man die nationale Befreiungsbewegung *Polisario* fragt, so wird diese Frage mit dem Hinweis bejaht werden, es habe seit tausend Jahren eine solche Nation gegeben. Wenn man die Marokkaner fragt, so werden sie die Existenz dieser Nation schlichtweg abstreiten und behaupten, daß die in der ehemaligen Kolonie Spanisch-Sahara lebenden Menschen immer Teil der marokkanischen Nation gewesen sind. Wie läßt sich diese Differenz bewältigen? Sie läßt sich *geistig* überhaupt nicht bewältigen. Wenn die *Polisario* im Jahre 2000 (oder zwanzig Jahre später) den gegenwärtigen Krieg gewinnt, wird es eine sahrouische Nation gegeben haben. Und wenn Marokko den Sieg davonträgt, wird es sie nie gegeben haben (Wallerstein 1990, 101).

nisten, als bürgerliche oder sozialistische Nationalisten – notwendig verborgen.

Denn die Paradoxie, verfolgt zu werden, obwohl man keinen Anlaß dazu gab, der logische Widerspruch, ins Zentrum der gesellschaftlichen Aggression gerückt zu werden, obwohl man keineswegs ‚schuld' war, die Absurdität, daß sowohl die kapitalisierten Gesellschaften des Westens als auch, wenn auch aus anderen Gründen, die noch halbasiatischen Gesellschaften des Ostens gleichzeitig zum Schlag ausholten, obwohl nichts an der jüdischen Existenz selbst dazu einlud, aufforderte oder berechtigte – diesen objektiven Widersinn zu begreifen, war ausgeschlossen und die Erkenntnis, daß Staat und Kapital die inneren Widersprüche ihrer ureigenen Konstitution unter der zwar falschen, aber gleichwohl zustellbaren Adresse des Antisemitismus austragen, hätte ihnen nicht das mindeste geholfen. Der Antisemitismus ist eine Ersatzhandlung, ‚der Jude' eine Projektion der bürgerlichen Gesellschaft, in dessen Verfolgung sie ihren Antagonismus zu bewältigen sucht (Enderwitz 1998): Hätte es keine Juden gegeben, Kapital und Staat hätten sie erfinden müssen.

Diese Situation war nach jeder Seite hin unhaltbar, theoretisch und praktisch; sie war (nicht nur) den Juden undenkbar, weil der Verstand nur Zusammenhänge von Ursache und Wirkung geistig zu sich nehmen kann, und sie war (für sie) unhandelbar, weil praktisch nur zu bewältigen ist, was in der eigenen Reichweite liegt. „Es muß doch etwas dran sein": Assimilationisten wie Nationalisten ließen sich von der Gewalt der Umstände dazu nötigen, den Antisemitismus als Vorurteil über die Juden zu denken und konsequent so zu handeln, als ginge es um seine Widerlegung. Die Aufklärung der Antisemiten erschien so als Problem und Aufgabe jüdischer Politik: Weil der Antisemitismus die Juden als notorisch illoyale Kosmopoliten und als chronisch unproduktive Parasiten denunzierte, deshalb kämpften bürgerliche wie sozialistische Zionisten, engagierten sich bürgerliche wie sozialistische Assimilationisten für das Projekt einer nationalen wie sozialen Verbesserung der Juden. Ob dieses Projekt sich als nationale Verbürgerlichung der Juden in Palästina verstand oder als ihre soziale Proletarisierung im Klassenkampf – der nationale wie soziale Aspekt der von Juden unternommenen Lösung der ‚Judenfrage' waren untrennbar, wie die Kibbuz-Bewegung in Palästina und die Gründung der jüdischen Republik Birobidjan im Fernen Osten durch Stalin bezeugten. Das eine kehrte beständig im anderen wieder und bewies, jedes für sich und beides zusammen, daß die Lösung des Problems im Horizont der national-sozialen Fragestellung unmöglich war. Weder die ‚Produktivierung' der Juden noch ihre Nationalisierung vermochten eine antisemitische Verfolgungsbereitschaft zu kurieren, die ihre Energie und Motivation aus der negativen Vergesellschaftung durch Staat und Kapital bezieht.

Dies ist das Dilemma der jüdischen Emanzipation, dessen nationaler Ausdruck der historische Zionismus darstellt. Als bürgerlicher Zionismus setzt er die Aufklärung fort, deren Doppelcharakter er in verschobener Form gewahr wird: Statt Assimilation zu ermöglichen, erzwingt die bürgerliche Gesellschaft Identifikation. Sie ist es, die ihre lauthals proklamierte Säkularisierung so wenig zu Wege brachte, daß das Abendland ein christliches blieb und daher keineswegs beabsichtigte, die – selbst schon regressive – Lessingsche Ringparabel von der Gleichwertigkeit der verschiedenen Religionen zur Gleichgültigkeit von Religion überhaupt zu radikalisieren (Anders 1980, 370). Diese gefährliche Ambivalenz nimmt der Zionismus in seiner Frühform bei Moses Hess und Leo Pinsker, in seiner entfalteten Form bei Theodor Herzl, als Beweis für das Fortleben des „ewigen Antisemitismus" wahr. Der Schlüssel zur Erklärung der bürgerlichen Spielarten des Zionismus liegt in dem historischen Paradox, daß der sogenannte ‚wissenschaftliche Sozialismus' zu Beginn des 20. Jahrhunderts den Judenhaß zwar richtig als „gesellschaftlich bedingt" und daher „nur gesellschaftlich aufhebbar" erklärt, aber dennoch weit unter dem praktischen Niveau des Zionismus liegt, der den Judenhaß falsch als anthropologisch verursacht und unheilbar verewigt deutet. Weil dieser Zionismus sich den gerade aufkommenden Antisemitismus nach dem Schema des überkommenen Antijudaismus zurechtlegte, mußte er die Trennung der Juden von ihren historischen Gesellschaften, ihre Konstitution zum Volk zum Ziel erheben. In Umkehrung des Marxschen Diktums, die Juden hätten sich nicht trotz, sondern wegen ihrer Geschichte erhalten, versteht dieser Zionismus die Überdauerung der jüdischen Existenz als Beweis für den originären Volkscharakter des Judentums. Das Unglück der Verfolgung wird paradoxerweise, und dennoch evident, als Schicksal zugeeignet. Die „Restauration des jüdischen Staates" und die „Lösung der letzten Nationalitätenfrage" (Moses Hess) werden zum Programm der Selbstbehauptung.

Unausweichlich wird der Zionismus mit dem Problem des produktiven Grundes der Nationalität konfrontiert. Denn obwohl die Juden zu Staatsbürgern und Objekten von Herrschaft emanzipiert wurden, wurden sie doch als loyale Citoyens nie wirklich anerkannt und hatten unter dem Verdacht zu leben, in Wahrheit grenzüberschreitend und international (eigentlich: antinational) zu sein – einen Verdacht, den sie dadurch ausräumen wollten, daß sie sich als Nation und souveräne Herrschaft unter anderen konstituierten. Ebenso werden die Juden zwar als gleichverpflichtete Lohnarbeiter und durchs Kapital verglichene Objekte von Ausbeutung anerkannt – allerdings nicht als tatsächlich ‚produktive' Bourgeois, sondern als Vertreter eines ‚raffenden' Leih- und Börsenkapitals. Eine Denunziation, die sie durch den Versuch widerlegen wollen, sich als Volkswirtschaft und kapitalistische Gesellschaft unter anderen zu setzen.

Die Gemeinschaft der Juden als Bürger ist deshalb für Moses Hess auf keinem anderen Fundament möglich als auf dem ihrer Vergesellschaftung als Arbeitende, nationale Befreiung undenkbar ohne soziale Emanzipation. Daß die Juden in einem zu produktivieren wie zu nationalisieren seien, ist für Zionisten wie Assimilationisten gleichermaßen Programm; sie unterscheiden sich nur dadurch, daß die Assimilationisten aller Fraktionen auf die (unter Umständen revolutionär zu beschleunigende) Evolution der bürgerlichen Gesellschaft als Motor politischer Anerkennung wie sozialer Gleichheit hoffen, während die Zionisten aller Spielarten eben dieser Evolution zutiefst – und zu Recht – mißtrauen und die bürgerliche Gesellschaft der Juden aus einem kollektiven Entschluß und auf nichts gegründeten Willensakt vollbringen wollen. Es ist dieser Zusammenhang von „nationaler und sozialer Befreiung", der den bürgerlichen Zionisten dieselben Probleme aufgibt und die gleichen Lösungsmittel zur Hand, die auch ihren Kritikern, den revolutionären Assimilationisten, durch die Logik der Sache aufgeherrscht werden. Der Unterschied liegt nur darin, daß die Assimilationisten den Souverän in Gestalt der sowjetischen ‚Diktatur des Proletariats' voraussetzen können, während die Zionisten ihn erst zu schaffen haben.

Der politische Wille allein macht noch lange keinen Staat, viele Menschen ergeben in ihrer Summe kein Staatsvolk, allerhand ökonomische Aktivitäten sind keine Nationalökonomie. Die Verdoppelung von Staat und Kapital konstituiert sich zwar, logisch gesehen, rein aus den Mechanismen kapitalistischer Vergesellschaftung, aber sie kann dies historisch nur auf dem Boden und vermittels des politökonomischen Materials vorkapitalistischer Formen tun. Die modernen bürgerlichen Gesellschaften eignen sich die vorkapitalistischen Formen an und setzen sie als ihr Produkt. Deren vornehmste ist der absolutistische Staat, die personale Souveränität des Monarchen, die im Zuge der Kapitalisierung der Gesellschaft zur anonymen Volkssouveränität transformiert wird. Solche Souveränität steht über dem Gegensatz von Gesetz und Gewalt, von Konsens und Zwang; sie ist, als reine Form, das Dritte der Vermittlung.

Dies stürzt die bürgerliche Staatstheorie in Verzweiflung, denn konstituierte Souveränität besteht in dem praktischen Zirkelschluß, weder auf Recht noch Gewalt sich reduzieren und daher aus keinem Moment des Gegensatzes sich ableiten zu lassen. Der Souverän ist die gesellschaftspraktische Quadratur des Kreises. Zum Glück für die bürgerliche Staatstheorie findet sie das theoretisch unlösbare Problem der Konstitution schon praktisch gelöst vor: Der seit Hobbes und Rousseau andauernde Disput über die Frage, ob es die Individuen sind, die den Staat im Vertrag setzen und damit sich selbst als Autoren und Subjekte, oder ob es vielmehr der Staat ist, der das Vertragswesen im Interesse des allgemeinen Landfriedens instituiert und damit die Individuen als Untertanen und Subjekte, ist gesellschaftspraktisch immer schon entschieden. Die Theoretiker der politischen Konstitution werden darüber zu praktizierenden Ideologen der Souveränität: indem sie, sei es demokratie-, sei es gewalttheoretisch, über die Setzung von Staatlichkeit diskutieren, demonstrieren sie, daß diese Setzung alles andere ist als ein intelligibles Problem und daß sie keine Theoretiker sind, sondern Produzenten der Legitimation politischer Zentralität.

Theodor Herzls Buch *Der Judenstaat. Versuch einer modernen Lösung der Judenfrage* von 1896 zeigt, in welche Dilemmata es führt, den Zirkel der Souveränität lösen zu wollen, ohne auf eine schon existierende Staatsgewalt zurückgreifen zu können. Die „Künstlichkeit des zionistischen Gebildes", den der Antizionismus an Israel so beklagt, liegt genau darin, daß der jüdische Staat nicht die falsche Natürlichkeit und nicht das Pseudos des Ursprungs ab ovo reklamieren kann, in deren Schatten die Transformation absoluter in bürgerliche Staatlichkeit sich vollziehen konnte. Herzl will das Resultat, kann aber den Prozeß, der zu ihm führte, nicht einfach voraussetzen. Sein Versuch, den Souverän gleichwohl im Verfolg vernünftiger Argumentation zu begründen, verstrickt sich in heillose Widersprüche. Dies führt ihn auf einen Satz, über den noch kein Jürgen Habermas und kein Carl Schmitt hinausgekommen ist. Der Ratio verpflichtet, gesteht er ein, daß die Sache im Jenseits von Vernunft liegt: „Tatsächlich liegt im Staat eine Mischung von Menschlichem und Übermenschlichem vor" (Herzl 1986, 108).

Die *Society of Jews* soll die Lösung sein und den Platzhalter des jüdischen Souveräns spielen, den kommissarischen Verwalter und nur sich selbst rechenschaftspflichtigen Stellvertreter künftiger Staatlichkeit. Ihre Legitimation und Geschäftsgrundlage besteht darin, daß die *Society* in der Figur des „Gestors, des Führers fremder Geschäfte" (ebd.) die Synthese von Gewalt und Recht, die den realen Souverän ausmacht, antizipiert.

Der wunderbare Rechtssinn der Römer hat in der negotiorum gestio ein edles Meisterwerk geschaffen. Wenn das Gut eines Behinderten in Gefahr ist, darf jeder hinzutreten und es retten. Das ist der Gestor... Er hat keinen Auftrag, das heißt keinen menschlichen Auftrag. Sein Auftrag ist ihm von einer höheren Notwendigkeit erteilt. Diese höhere Notwendigkeit kann für den Staat auf verschiedene Weise formuliert werden... Gerichtet ist die Gestio auf das Wohl des Dominus, des Volkes, zu dem ja der Gestor selbst gehört. Der Gestor verwaltet ein Gut, dessen Miteigentümer er ist... Er kann die Zustimmung der unzähligen Miteigentümer im günstigsten Fall nur vermuten. Der Staat entsteht durch den Daseinskampf eines Volkes. In diesem Kampfe ist es nicht möglich, erst auf umständliche Weise einen ordentlichen Auftrag einzuholen. Ja, es würde jede Unternehmung für die Gesamtheit von vornherein scheitern, wenn man zuvor einen regelrechten Mehrheitsbeschluß erzielen wollte. Die innere Parteiung würde das Volk gegen den äußeren Feind wehrlos machen. Alle Köpfe sind nicht unter einen Hut zu bringen, wie man gewöhnlich sagt. Darum setzt der Gestor einfach den Hut auf und geht voran. Der Staatsgestor ist genügend legitimiert, wenn die allgemeine Sache in Gefahr und der Dominus durch Willensunfähigkeit oder auf andere Art verhindert ist, sich selbst zu helfen. Aber durch sein Eingreifen wird der Gestor dem Dominus ähnlich wie aus einem Vertrage, quasi ex contractu, verpflichtet. Das ist das vorbestandene oder richtiger: mitentstehende Rechtsverhältnis im Staate... Und was bedeutet das Alles in unserem Falle? Das Judenvolk ist gegenwärtig durch die Diaspora verhindert, seine politischen Geschäfte selbst zu führen. Dabei ist es auf verschiedenen Punkten in schwerer oder leichter Bedrängnis. Es braucht vor allem einen Gestor... Und das ist die Society of Jews (Herzl 1896, 108 f.).

Die europäischen Völker haben die Existenz der Juden in ihrer Mitte niemals anders denn als eine Anomalie betrachtet. Wir werden stets Fremde unter Nationen bleiben, die uns wohl aus Humanität und Rechtsgefühl emanzipieren, aber uns nie und nimmer achten werden... (Moses Heß o.J., 242 f.).

Die *Society of Jews* geriet durch die Logik der Sache selbst: durch den Zwang der Umstände, den wachsenden Antisemitismus West- wie den virulenten Antijudaismus Osteuropas und schließlich durch die Zufälle der Geschichte in die Position des Inaugurators von Staatlichkeit. Als Staat an sich – nicht bloß als Regierung – stand die *Society* nicht nur über den politischen Strömungen der jüdischen Welt: sie begriff sich vielmehr als die Bedingung ihrer Möglichkeit, als die transzendentale Prämisse eines politischen Pluralismus unter den Juden überhaupt. So war der Zionismus als politische Partei der Juden immer schon mehr und anderes als bloß Partei. Ihre korrekte Bezeichnung wäre ein Widerspruch in sich: Staatspartei, besonderte Organisation von Individuen zur Vertretung des im Staat schon dargestellten Allgemeinen. Das theoretisch Undenkbare wurde wirklich, weil durch die Entstehung des sozialistischen Zionismus das Moment der Wirtschaftspartei hinzukam und den künftigen Souverän nationalökonomisch fundierte. „Wo sich aber Widerstände zeigen", schrieb Herzl, „wird die Society sie brechen. Sie kann sich im Werke nicht durch beschränkte oder böswillige Individuen stören lassen" (ebd.). Als Staatspartei war man zur Ausübung von Staatsfunktionen berechtigt, und so verweisen die „Grausamkeiten des Zionismus" (Machover/Offenberg 1975, 311 ff.), von denen die antizionistische Propaganda zu berichten hat, keineswegs auf das besonders verwerfliche Unwesen des Zionismus, sondern demonstrieren vielmehr den allgemeinen Charakter von Staatlichkeit.

Als Staatspartei war der Zionismus aber in dem Moment erledigt, als der souveräne Staat Israel konstituiert war. Mit diesem Schritt verliert der Zionismus seine übergreifende Form und wird zum strategischen Inhalt konkurrierender Parteien: Schon deshalb ist es mindestens falsch, von einer „zionistischen Struktur" des Staates Israel zu sprechen. Die Parole „Ein Land ohne Volk für ein Volk ohne Land" diente dazu, die zur Installierung bürgerlicher Staatlichkeit unumgängliche Konstitutionsgewalt vorm eigenen Bewußtsein zu verbergen.

Souveränität, die das Staatsterritorium nicht als konkretes, bewohntes und bearbeitetes Land kennt, sondern nur als abstrakten, bevölkerten und umgrenzten Raum, bedarf der Mythen, um ihre Legitimität im Vorgriff auf wirkliche Zustimmung und tatsächliche Hegemonie zu begründen. Daß aber die Antizipation der Staatlichkeit der Juden nicht Meinung von Privatleuten blieb, sondern politisches Programm wurde, verdankt sich dem von der bürgerlichen Gesellschaft insbesondere in Deutschland erbrachten Beweis der These vom ‚ewigen Antisemitismus' einerseits und ist der konstitutionellen Überlegenheit der bürgerlichen Gesellschaft der Juden über die ungleichzeitige der Palästinenser andererseits geschuldet. Das machte den historisch einzigartigen Treibsatz aus, der die Kritik Ludwig Gumplowicz' an Theodor Herzls Projekt – „Sie wollen einen Staat ohne Blutvergießen gründen? Wo haben sie das gesehen? Ohne Gewalt und List? So ganz offen und ehrlich – auf Aktien?" (zit. nach Diner 1980, 73) – praktisch werden ließ.

Der Zionismus hatte den über Europa heraufziehenden Antisemitismus als Wiederkehr des alten Antijudaismus mißverstanden. Als Unternehmen zur Widerlegung von Vorurteilen über die Juden machte er sich daran, ihre soziale Schichtung zu reformieren und umzustülpen. Aus „Luftjuden" sollten, so Arthur Ruppin, „Muskeljuden" werden (Bermann 1973). Was den Antizionisten noch nie schwer fiel, nämlich „die Gemeinsamkeit des theoretischen Ausgangspunktes von Zionismus und Antisemitismus von der Anfangszeit bis zum heutigen Tag zu beweisen" (Machover/Offenberg 1975, 304 f.), demonstriert ganz im Gegenteil, daß der hier wie immer als Antijudaismus gründlich verkannte Antisemitismus noch nicht einmal dadurch zu widerlegen ist, daß seine prospektiven Opfer den Gegenbeweis ihrer Tauglichkeit zu bürgerlichen Zwecken tatsächlich antreten. Weil jedoch die ‚Produktivierung der Juden' in Palästina mit ihrer Nationalisierung unmittelbar zusammenfiel, und weil die Initiierung einer jüdischen Nationalökonomie Hand in Hand ging mit der Installierung politischer Souveränität, erscheint die Gründung Israels dem demokratietheoretisch oder auch nationalistisch verblendeten Blick als Enthüllung eines rassistischen Wesen des Zionismus (Frangi o.J.). Denn weil „eine große Zahl von Menschen allein noch kein Volk bildet" (Ruppin, zit. nach Schoeps 1983, 201), darum muß die Errichtung politischer Zentralität mit der Herstellung politischer Homogenität, der Produktion des Staatsvolkes also, in eines gehen. So hat das System der „jüdischen Selbstarbeit", das die Palästinenser ausschließt (Diner 1980, 42 ff.), den gleichen Stellenwert wie die Setzung des Hebräischen als Hochsprache der Juden: die Schaffung ‚nationaler Identität'.

Das zionistische Dilemma besteht darin, das Problem der Konstitution bürgerlicher Staatsgewalt und das der Inauguration kapitalistischer Vergesellschaftung ex nihilo gelöst zu haben, ohne jedoch die allgemeine politische Anerkennung der israelischen Souveränität und eine aus eigenem reproduktive Volkswirtschaft erreicht zu haben. Die Gründung Israels vollzog wie im Zeitraffer jenen in Europa zweihundertjährigen Prozeß der ursprünglichen Akkumulation – an der einheimischen arabischen Bevölkerung – nach, ohne allerdings die im Zuge der Kapitalisierung der Agrarwirtschaft erfolgte Freisetzung der agrarischen Subsistenzproduzenten durch die Industrie kompensieren zu können. Die Gründung Israels erscheint den bürgerlichen Philosemiten deshalb als das reinste Wunder, während den linken Antizionisten die Selbstbehauptung Israels als die Grausamkeit an sich vorkommt. In ihrer deutschnational sich gerierenden Hochachtung wie in ihrer stalinoid sich empörenden Abscheu wollen diese Kritiker Israels nichts anderes retten als ihre eigene Illusion vom guten und wahlweise nationalen oder sozialen Staat.

8. Kein ‚Brückenkopf'

Die Polemik gegen Israel als „Brückenkopf des Imperialismus" in Nahost und als staatgewordene Counterinsurgency gegen die Kämpfe der arabischen Massen verspricht, die israelische Gesellschaft politisch auf den Begriff zu bringen, ohne die Konstitution von Nationalstaatlichkeit einer prinzipiellen Analyse unterwerfen zu müssen. So ist die Rede vom ‚Imperialismus' nur die politökonomische Kehrseite des famosen ‚Rechts auf nationale Selbstbestimmung': Sie gibt keine Diagnose der kapitalistischen Weltgesellschaft, sondern wiederholt auf globaler Ebene, was schon die sozialdemokratisch-leninistische Ideologie ausmachte – daß Herrschaft kein originäres Phänomen der bürgerlichen Gesellschaft darstelle, sondern ein quasi-feudales Relikt, Okkupation des Allgemeinen durch Interessengruppen: also ordinäre Fremdherrschaft.

> Radikale Linke haben in der Vergangenheit die Besonderheit des jüdischen Staates und seine Existenzberechtigung häufig nicht berücksichtigt. Israel galt nicht auch, sondern nur als imperialistische Agentur,

schreibt die Gruppe *Radikale Linke* (1989, 9), und sie meint das selbstkritisch. Allerdings führt die Ergänzung des „Brückenkopfes" um die Funktionen von „Asyl" und „Fluchtburg" auch nicht weiter als bis ins positivistische Einerseits und Andererseits, das heißt in ein Bilanzbuchhalterdenken, das der linken Politikbegeisterung allein schon deshalb naheliegt, weil es die Gelegenheit bietet, sich selbst in die Position des Souveräns zu projizieren, ins Auge der Zentralperspektive und in die Rolle des Schiedsrichters, der ausgleicht und den Widerspruch schlichtet. „Nicht auch, sondern nur": Darin geht der Begriff der bürgerlichen Gesellschaft der Juden und ihres Zusammenhangs mit der Weltgesellschaft nicht auf; weder nach der Seite ihrer Gründungsgeschichte noch nach der ihrer Existenz und Funktion.

Für die Entstehung der kapitalistischen Weltgesellschaft, die im Takt des einen ökonomischen Rhythmus schwingt, den die Konjunkturen und Krisen der Akkumulation vorgeben, spielt der Imperialismus die gleiche Rolle der Konstitutionsgewalt nach außen, wie sie der absolutistische Staat nach innen hin, bei der Transformation der feudalen in die bürgerliche Gesellschaft, ausübt. Die ursprüngliche Akkumulation des Kapitals ist die Geschichte der massenhaften Vertreibung der Subsistenzproduzenten vom Land. Auf der Ebene der Weltgesellschaft potenzieren sich die ungeheuren Grausamkeiten und blutigen Friktionen noch, die die Entstehung des Kapitals notwendig ausmachen und systematisch begleiten. Denn die Verwandlung des Globus und seines ursprünglichen Reichtums in das stoffliche Material der Akkumulation ereignet sich als zutiefst ungleichzeitiger Prozeß. Der Kolonialismus ist der Raubzug, der den verharmlosend ‚take off‘ genannten Anfang der Industrialisierung des weltgesellschaftlichen Zentrums ebenso alimentiert wie das Bauernlegen im Innern. Der Kolonialismus ist reine Aneignung und erbarmungslose Ausbeutung: Noch die minimalen Rücksichten, die, in Europa, das sich konstituierende Kapital bei aller künstlichen ‚Überbevölkerung‘ auf die Bedingungen der Reproduktion der Arbeitskraft zu nehmen gezwungen ist, sind dem Kolonialismus gänzlich fremd. Weil der extraktive Raubzug gar nicht bezweckt, in den einverleibten Territorien eine reproduktive Nationalökonomie zu stiften, darum kommt es nicht, wie in den Zentren, zur partiellen Kompensation der bäuerlichen Not, die die nackte Existenz bedroht, durch das proletarische Elend. Die kapitalistische Produktivierung des Bodens und des naturalen Reichtums findet statt, ohne die Arbeit anders zu subsumieren als durch ihren rücksichtslosen Konsum.

Der Imperialismus schließt die Epoche der ursprünglichen Akkumulation auch geopolitisch ab und bereitet den Übergang zur kapitalisierten Weltgesellschaft vor. Die direkte territoriale

Einverleibung der von Ostindischen und anderen Kompagnien ausgebeuteten Ländereien in das Staatsterritorium des Zentrums verdankt sich schon mehr der nationalstaatlichen Konkurrenz und ihrem Zwang, keinen ‚weißen Fleck' auf der Landkarte als herrschaftslosen Raum und Machtvakuum bestehen zu lassen (Anderson 1991) und die logistischen Voraussetzungen des Weltmarktes zu sichern als direkter ökonomischer Vorteilnahme. Der Imperialismus beseitigt die letzten wirklichen Imperien oder löst doch, wie im Osmanischen Reich, im zaristischen Rußland oder im kaiserlichen China, subsidiäre Formen bürgerlich nachholender Revolutionen aus. Kein Zufall also, daß der Übergang des Zentrums zur bürgerlichen Demokratie als der adäquaten politischen Regulationsform halbwegs reproduktiver Kapitalakkumulation, das heißt der Übergang von den Restbeständen personaler zur Entfaltung der abstrakten Herrschaft, vom Untergang des Imperialismus begleitet wird. Die von Simon Bolivar bis Mao-Tse-Tung reichende Epoche bürgerlicher bzw. staatskapitalistischer Revolution schließt mit der Herausbildung einer Reihe von Quasi-Nationalstaaten an der Peripherie die politische Konstitution der Weltgesellschaft ab. (Letzteres gelingt in jenen Ländern, in denen die bloß äußerliche Subsumtion unter den Weltmarkt doch noch residuale und meist enklavenmäßige Formen kapitalistischer Ökonomie setzte; Formen allerdings, die aufgrund ihrer extremen Spezialisierung wie totalen Eingebundenheit in die globale Arbeitsteilung noch nicht einmal der Möglichkeit nach oder bestenfalls in Gestalt einer Politik der ‚eisernen Reisschüssel' die politisch ambitionierten Autarkiepläne ihrer herrschenden Klassen ökonomisch fundamentierten.) So ist der Imperialismus keineswegs „das höchste und letzte Stadium des Kapitalismus", wie Lenin schrieb, und bedeutet nicht seinen Untergang in Parasitismus und Fäulnis, sondern die Übergangsform zur Weltgesellschaft des Kapitals.

Die Entstehung Israels verdankt sich der Ungleichzeitigkeit der Globalisierung des Kapitals. Der welthistorisch einzigartige Moment des Untergangs des Osmanischen Imperiums schuf jenes politische Machtvakuum und jenen ‚weißen Fleck', den der künftige israelische Souverän nutzte, um sich zu installieren. Theodor Herzl mochte noch aufrichtig der Meinung sein, sein Projekt läge im allgemeinen Interesse eines auf Aufklärung und Fortschritt erpichten Abendlandes:

> Für Europa würden wir dort ein Stück des Walls gegen Asien bilden, wir würden den Vorpostendienst der Kultur gegen die Barbarei besorgen. Wir würden als neutraler Staat im Zusammenhang bleiben mit ganz Europa, das unsere Existenz garantieren müßte (Herzl 1986, 69).

De facto allerdings handelte die Jewish Agency nicht als Generalbeauftragter ‚des Westens', sondern als Souverän, der die Widersprüche zwischen den Mächten der Metropole wie die Konflikte der politischen Kräfte innerhalb der arabischen Gesellschaft als Bedingungen seiner Möglichkeit zu behandeln wußte. Während die noch feudalen Formen verhaftete arabische Gesellschaft den Untergang des Osmanischen Reiches nicht zur Setzung eigener Nationalstaaten nutzen konnte und vielmehr in dynastische Rivalitäten sich verstrickte, eigneten sich Frankreich und Großbritannien den herrschaftslosen Raum an und teilten ihn unter sich auf. Syrien, Libanon, Irak, Jordanien usw.: Die 'künstlichen Gebilde', die sie dabei schufen, waren eher Verwaltungseinheiten als Nationen, eher politische Subsumtionskategorien der darunter befaßten und nur durch Tradition und Glauben verbundenen Völkerschaften als ökonomisch synthetisierte Einheiten (Anderson 1979, 468 f.). Der Jischuw als einzige bürgerliche Gesellschaft im Nahen Osten verdankt seine Existenz dieser Ungleichzeitigkeit, die er in einem politisch souverän nutzte wie ökonomisch ausbeutete. Und wie sich die Konflikte im Zentrum zum Rand hin fortsetzten, so suchten auch die Parteien der Peripherie die Unterstützung einer Fraktion der Metropole. Wie der Zionismus je nach politischer Konstellation ins Bündnis mit Großbritannien, dann den USA, danach mit der Sowjetunion und schließlich wiederum mit den USA sich begab, so suchte der durch den Zionismus inaugurierte Nationalismus der Palästinenser am Bündnis mit dem faschistischen Deutschland und der stalinistischen Sowjetunion Unterstützung und Rückhalt. Daß Israel, bevor es zur „Agentur des Imperialismus" avancierte, von 1948 bis 1952 im Westen als „Bollwerk des Sozialismus" tituliert wurde – weil es so schien, als würde die Sowjetunion die Kibbuz-Bewegung als Sprungbrett in den angloamerikanisch beherrschten Nahen Osten wie als Speerspitze gegen die reaktionären arabischen Regimes benutzen –, zeigt an, worum es geht: In der Politik geht es nicht ums Wesen oder um Werturteile, sondern ihre Logik liegt in dem Satz: „Der Feind meines Feindes ist mein Freund."

Die politischen Gründungsmythen des israelischen Souveräns (Flappan 1988) – also der Zionismus als geistiger Überbau der Staatsgründung – sind für die Beurteilung dieses Hergangs ebenso uninteressant wie die ihnen antagonistischen Ideologien des arabischen Nationalismus oder gar Chauvinismus (Hashash 1991). Die ungleichzeitige Konstitution der kapitalistischen Weltgesellschaft, in der, nach dem mit Nasser anhebenden nationalrevolutionären Umsturz der arabischen Monarchien, die arabischen Gesellschaften ein ebenso integraler Bestandteil dieser Weltgesellschaft sind wie die israelische (und keineswegs, qua ölpreismäßiger Schröpfung der sogenannten Vierten Welt, ‚unschuldiger'), erlaubt es nicht, ihre Resultate nach Kategorien von Schuld und Unschuld zu sortieren, schon gar nicht dann, wenn derlei Zuschreibungen ein durchaus völkisches Interesse durchblicken lassen. In diesem Zusammenhang fungiert der arabische Antizionismus als Ablenkungsmanöver von der strukturellen Einbindung und Partizipation der Regime in den Weltmarkt: Israel als Generalfeind hat, wie exemplarisch im Fall Saddam Husseins sichtbar, als Alibi zu dienen, hinter der sich die eigene Rolle eines Subimperialisten und regionalen Weltmarktpolizisten verstekken kann. Die Anerkennung des Zionismus als „staatsbildende Macht" (Herzl 1986, 68) erfolgte jedenfalls nicht auf dem Basler Kongreß, nicht mit der Balfour-Deklaration 1917 und schon gar nicht auf höheren Befehl ‚des Westens', sondern in einem historischen Augenblick, als der Konstitutionsprozeß der israelischen Staatlichkeit soweit vorangeschritten war, daß die Gründung Israels nicht nur möglich war, sondern überdies und spätestens jetzt, wenn schon nicht mehr als ausreichende Rettung vor dem Massaker, so doch im Resultat der nazistischen Vernichtungslager unabdingbar notwendig war.

Als bürgerliche Gesellschaft im Nahen Osten konfrontierte sich der Jischuw mit den quasi-feudalen Formen der arabischen Gesellschaft, die das autoritäre Regiment Konstantinopels nur herrschaftlich-tributär überformen, nicht aber kapitalistisch durchbilden konnte. Dieser Gesellschaft und ihren feudalen Eigentums- wie Rechtsformen erwies sich der Jischuw als meilenweit überlegen. Er demonstrierte hier, was die vorkapitalistischen Gesellschaften weltweit vorm Kapital schutzlos in die Knie gehen ließ: die unmittelbare Einheit der scheinbar unpolitischen Gewaltförmigkeit des bürgerlichen Rechts mit der scheinbar unökonomischen Kapitalförmigkeit des bürgerlichen Staates. Der palästinensischen Gesellschaft waren Begriff wie Sache der politischen Zentralität fremd, weil ihr die Vorstellung vom sozialen Verhältnis entwickelter kapitalistischer Gesellschaften fremd war. Die Abwesenheit anders als gewohnheitsrechtlich tradierter Ansprüche der Bauern auf den Boden, den sie bearbeiten, der Mangel aller privateigentümlichen Rechtsformen am Land ist ein Kennzeichen der feudalen Gesellschaft. Und wie sich der Bauer zum Land nicht als kapitalproduktiver Eigentümer, sondern als nutznießender und tributpflichtiger Subsistenzproduzent verhält, so verhalten sich die Großgrundbesitzer nicht als Kapitalistenklasse, sondern als für den Fortgang der Produktion völlig unerhebliche Schicht von Eigentümern, die folgerichtig auch nicht vor Ort ‚nach dem Rechten sehen' braucht, sondern in Kairo, Paris, Beirut lebt und die Pachtzahlungen nicht akkumuliert, sondern luxuriös verpraßt. Dieser Vergesellschaftung sind die Eigentumsbegriffe der bürgerlichen Gesellschaft nicht nur nicht kompatibel – und das heißt, die Menschen können sich buchstäblich nichts unter dem Begriff des Privateigentums vorstellen –, sondern die praktische Anwendung dieser Begriffe zerstört sie, desorganisiert ihren Zusammenhang und desintegriert ihre Reproduktion. Daß die Bemühungen jüdischer (und palästinensischer) Kommunisten, eine einheitliche revolutionäre Organisation der Juden und Araber in Palästina zu gründen, scheiterten, lag nicht nur an der Kommunistischen Internationale, sondern wesentlich an dieser strukturellen und unüberwindlichen Kluft zwischen den Vergesellschaftungsweisen (Offenberg 1975a, Flores 1981).

Die ursprüngliche Akkumulation, die Trennung der Bauern vom Boden und seine Verwandlung in bürgerliches Eigentum, die sich in Europa vollzog und die Marx exemplarisch am englischen Fall untersuchte, geschah zugleich als politische Zentralisation und daher Transformation der feudalen Ordnung in die bürgerliche Nation. Die des Landes enteigneten Bauern und Pächter wurden von der Industrie als Arbeiter angeeignet; die ‚free born englishmen' wurden britische Bürger und blieben im Lande. In Palästina jedoch geschah die Konstitution der bürgerlichen Gesellschaft der Juden zugleich als Konstitution bürgerlicher Staatsgewalt ex nihilo. Die palästinensische Bevölkerung wurde derart zugleich ökonomisch und politisch enteignet, ausgeschlossen sowohl aus der Produktion und der „jüdischen Arbeit" wie durch den „jüdischen Staat" diskriminiert (Diner 1980, 65 ff.). Was die UNO als das „rassistische Wesen des Zionismus" verurteilte (Frangi o.J.), ist das Wesen von Staatlichkeit schlechthin: Homogenität und Homogenisierung der Individuen zum Staatsvolk und zum Material von Herrschaft. Das israelische Spezifikum besteht allein darin, daß der Boden, als Privateigentum erworben, doch unmittelbar als Staatsterritorium fungierte, als Basis der Souveränität, und daher die Staatsgrenze ihrer Ausdehnung nach mit dem Umfang des Landbesitzes der Privaten zusammenfiel. Das Verbot des Rückverkaufs an Araber drückt diese politische Funktion des Bodens aus. Die expansionistische Tendenz des israelischen Nationalismus liegt darin begründet, daß die Konstitution der Souveränität nicht in einen Zustand gegenseitiger Anerkennung mündete und nicht zu wechselseitig garantierten Grenzen führte, sondern daß vielmehr das Machtvakuum, das schon nach dem Zusammenbruch des Osmanischen Reiches herrschte, erst durch die im Einvernehmen mit Israel und einem Teil der palästinensischen Notabeln unternommene Okkupation des Territoriums eines künftigen palästinensischen Staates durch die jordanische Monarchie und schließlich, als Spätfolge des Krieges von 1967, durch den Verzicht Jordaniens auf die Souveränität über die ‚Westbank‘ jahrzehntelang nicht gefüllt wurde. So herrscht die Logik des Krieges, die nur das Gesetz maximaler Machtakkumulation kennt. Als der Unabhängigkeitskrieg Israels gegen die arabischen Staaten nicht mit Frieden, sondern nur mit einem Waffenstillstandsabkommen endete, schritt der Konstitutionsprozeß der israelischen Staatlichkeit nach innen wie außen fort: in Form der Diskriminierung und Vertreibung der israelischen Araber, dann, nach 1967, in der schleichenden Okkupation und Besiedelung der Westbank.

Der Widerspruch der bürgerlichen Staatlichkeit, der sich im systematischen Schwanken zwischen dem objektiven und dem subjektiven Begriff der Nation ausdrückt und daher, in Sachen Staatsangehörigkeit, im beständigen Oszillieren zwischen dem formalistischen *jus soli* und dem substantialistischen *jus sanguinis*, demonstriert sich in der israelischen Gesetzgebung, die bürgerliche Gleichheit verspricht und doch Israel als ‚Staat des jüdischen Volkes‘ definiert. Israels Verhältnis den Palästinensern gegenüber ist weder als Ausdruck einer „Apartheids"- noch als Praxis einer „Kolonial"-Gesellschaft begreifbar (Adam 1988), sondern als praktizierender Nationalismus, der sich heute den Palästinensern gegenüber derart aufführt, wie es ein palästinensischer Staat tun würde, der die Nationalcharta der PLO zur Verfassung erklärte: „Die palästinensische Identität ist ein echtes und essentielles Charakteristikum, sie wird von den Eltern auf die Kinder übertragen" (zit. nach Heenen-Wollf 1987, 147). Ist Israel, weil es als Ausdruck des Selbstbestimmungsrechtes eines Volkes notwendig völkische Züge trägt, und ist es deswegen, weil es, wie jeder Staat eines praktisch um- und durchsetzbaren Kriteriums der Zugehörigkeit als Mittel zur Produktion von Loyalität bedarf, ‚rassistisch' im antizionistischen Sinne, nämlich ‚faschistisch'? Es ist im Prinzip kein Wunder, wenn Bürger Mitbürger Nazis nennen und die autoritären Maßnahmen ihrer eigenen Staatsgewalt als ‚faschistisch' mißverstehen. Das gehört ins Kapitel der Dialektik von Citoyen und Bourgeois, und wie verinnerlicht die ist, hat die deutsche Linke mit ihrer Kritik an der Notstandsgesetzgebung zur Genüge bewiesen. Der Faschismusbegriff ist, nicht nur in Israel, der Ort der größten Verwirrung.

Nach seiner Geschichte und Existenz betrachtet ist Israel die bürgerliche Gesellschaft der Juden, deren Eigentümlichkeiten durch den spezifischen Prozeß ihrer Konstitution wie aus dem besonderen Charakter nationaler Befreiungsbewegungen zwanglos sich erklären. Nach seiner Funktion betrachtet ist Israel, wenn auch kein Bollwerk, so doch das einzige Notwehrmittel gegen den weltweit grassierenden Antisemitismus, das die Juden aus Eigenem und daher ganz und gar unzulänglich organisieren konnten. Die historische Prognose des Zionismus hat sich bewährt wie die keines zweiten Nationalismus – denn der Antisemitismus ist zwar an sich keineswegs ewig, aber die kapitalistische Weltgesellschaft treibt mit Macht dazu, ihn zu verewigen. Das Recht eines jeden Juden auf die israelische Staatsbürgerschaft ist zwar alles andere als die Lösung der Antisemitenfrage, aber gleichwohl eine historische Errungenschaft ersten Ranges; zumindest in einer nationalstaatlich verfaßten Weltgesellschaft, in der, wie das Schicksal der Staatenlosen beweist, der Mensch als Mensch gar nichts, als Staatsbürger aber immerhin etwas bedeutet. Israels Existenz ist genau aus dem Grunde unverzichtbar, weil die Behauptung der PLO, die Juden seien nur eine Religionsgemeinschaft und daher nichts als Bürger der Staaten, denen sie jeweils angehören, schon längst von der Geschichte widerlegt worden ist, zuletzt mit allen Mitteln und ‚Argumenten', deren eine deutsche Volksgemeinschaft fähig ist.

Gerade die andauernde Polemik gegen das „Bollwerk des Imperialismus" ist es, die nicht zuletzt die Nützlichkeit Israels beweist. Der Antisemitismus, den die bürgerlichen Gesellschaften im Innern notwendig erzeugen, drückt sich geopolitisch aus und setzt sich nach Außen fort. Als bürgerliche Gesellschaft der Juden in Nahost ist Israel dadurch in die Zwangslage geraten, als Staat eine unfreiwillige Reprise der klassischen, aus dem Mittelalter bekannten Rolle des Schutzjuden aufzuführen, nur diesmal, zum Glück, nicht unbewaffnet: Von der BRD zwecks Wiedergutmachung nicht der Vernichtung, sondern der Nation einstweilen hofiert, von den USA bislang subventioniert, als einzige bürgerliche Demokratie im ‚Trikont' vom Westen privilegiert, ist Israel zugleich doch völlig von den strategischen Interessen der amerikanischen Weltmarktpolizei abhängig. Israels ‚Privilegierung' ist die genaue Kehrseite seiner existentiellen Bedrohung.

9. Autoritäre Philosemiten, rebellische Antizionisten

Die Projektionen der deutschen Ideologie auf Israel haben mit Israels politökonomischer Konstitution und den tatsächlichen Konditionen seiner Existenz im Nahen Osten sowenig gemein wie der Antisemitismus mit dem Objekt seiner Liquidationssehnsüchte. Der Charakter und der Inhalt der Projektion vereinen die Deutschen aller Fraktionen zur Volksgemeinschaft im Wartestand: Wo die staatstragenden Philosemiten Israel mehr oder weniger diskret dazu beglückwünschen und verschämt darum beneiden, die Volksgemeinschaft von heute zu sein, da bejammern die antizionistischen Rebellen unter den Grünen bis hin zu den Freunden des bewaffneten Kampfes, die Juden hätten aus Auschwitz so wenig gelernt, daß sie, als Zionisten, die ‚Endlösung' an den Palästinensern weiterführen. Die jeweilige empirische Distribution der einer deutschen Volksgemeinschaft zu Israel möglichen Meinungen ergibt sich aus den Zufällen der politischen Konjunktur.

Das Verhältnis der deutschen Linken zu Israel bestimmt sich, wie das der Rechten, aus den politischen Kräfteverhältnissen und ihren innen- wie außenpolitischen Erfordernissen, die aus dem Blickwinkel des nationalen ‚Wir' wahrgenommen werden. Auch das ‚andere Deutschland' hat kaum je auf die Besonderheiten des israelischen Staates reflektiert, ihn vielmehr, ganz in der Konsequenz des Antisemitismus vor Auschwitz, als Schutzjuden der Weltpolitik zum Objekt von Kosten-Nutzen-Kalkülen gemacht. Max Horkheimer hat das Ergebnis dieses nationalistischen Kalküls, das mit der Wiedervereinigung aufgegangen ist, vor dreißig Jahren prognostiziert:

> Rache ist die Seele nationalistischer Siege, und angesichts der Entnazifizierung braucht man nicht erst eine Dolchstoßlegende aufzutun. Jetzt machen wir noch in Kollektivschuld und Freundschaft mit Israel, aber einmal muß auch das ein Ende haben. Bald ziehen wir den Schlußstrich (Horkheimer 1974, 147).

Das von den Alliierten verhängte Tabu über den manifesten Antisemitismus wurde durchbrochen, indem sich die Deutschen einen demonstrativ philosemitischen Habitus verordneten. Zeitungen, Schulbücher, Reiseberichte etc. wetteiferten darum, wer am besten die Behauptung zu beweisen imstande sei, ohne die Juden hätte man die Schlacht von Stalingrad nicht verloren (Meinhof 1967). Die Gesellschaft des Wirtschaftswunders, die Volksfront der Trümmerfrauen und Neckermänner bestaunte die Aufbauleistung Israels und lobte sich darin selbst über den grünen Klee. Denn langsam begann es den Deutschen zu dämmern, daß sie sich in Sachen ‚Jude' gründlich verrechnet hatten, daß die Gewinne aus der ‚Arisierung' die Kosten der ‚Niederlage' nicht wettmachten, daß der ‚Sieg' über die europäischen Juden noch lange nicht den Siegfrieden über die Alliierten gebracht hatte und daß der Führer zwar bis 1938 ein Staatsmann war wie nur Bismarck, aber danach wohl den Verstand verlor und zum Dämon entartete. Die Fusionierung dieses von Wolfgang Fritz Haug als „hilfloser Antifaschismus" gründlich mißverstandenen Phänomens (Haug 1972) mit philosemitisch artikuliertem Antisemitismus projizierte auf Israel das endlich verwirklichte Ideal einer wehrhaften und bienenfleißigen Volksgemeinschaft, die sich in einem Meer von Feinden gegen kulturlose Barbaren und kommunistische Agenten zu behaupten verstand – eine völkische Halluzination, die die ‚linken' Antizionisten in der Gleichung „Zionismus = Faschismus" kurzentschlossen umdrehen und den Juden so als Nachteil vorrechnen, was den Eltern nach 1945 als deren Vorzug galt. Israel jedenfalls war den Philosemiten „das Land, das wir mit unserer Seele suchen müssen" (Bieber 1972).

Die Haltung der Linken zu Israel war und ist das Vexierbild der Rechten. Hier herrscht ein Automatismus der Gegenidentifikation und Parteinahme, der bis heute ungebrochen wirksam ist und der anläßlich des Krieges um Kuwait seine Effektivität so nachdrücklich demonstrierte wie nur gelegentlich des Libanon-Kriegs 1982, als der *Arbeiterkampf* den Auf-

> Die Stereotypen, mit denen die Israelis etikettiert werden, verraten nur einen Austausch des Inhaltes alter Denkformen, nicht aber der Denkformen selbst. Nach wie vor sind es kollektive Verzerrungen und Übertreibungen, Superlative, die vom Negativen ins Positive gewendet wurden. In dem Bestreben, am Beispiel Israels zu zeigen, *welche Torheiten der Antisemitismus über die Juden verbreitet hat,* insbesondere die Behauptung zu widerlegen, *die Juden seien ein Volk der Nichtstuer, der Schmarotzer und der Schwächlinge,* beobachtet man *nun mit größtem Erstaunen ..., wie aus schwächlichen Gestalten Kraftmenschen werden, aus blassen Intellektuellen gebräunte Erdarbeiter, aus Entwurzelten Bodenständige.* Die Israelis werden als *das arbeitsamste, tapferste, opferwilligste, am stärksten idealistische Gemeinwesen* der Welt gefeiert, sie erscheinen durchweg heiter und gelöst, als ihre hervorstechendsten Eigenschaften gelten *Fleiß, Heldentum und Opferbereitschaft.* Die Bewohner Jerusalems zumal sind *von besonderer Art, von einer seltenen Geistigkeit und Hingabe,* die Kinder sogar *vergnügter, gesünder, freier als anderswo.* Ein versetzter Nationalismus offenbart sich häufig dann, wenn von den Leistungen der aus Deutschland stammenden Juden – *ehemaligen Deutschen, unseren früheren Mitbürgern, die sich glänzend bewährt haben* – die Rede ist. Den Zusammenhang zwischen der bundesrepublikanischen Begeisterung für die israelischen Pionierleistungen und den schon so oft festgestellten Ablenkungs- und Verdrängungsmechanismen enthüllen darüberhinaus die Erleichterung und Genugtuung, mit denen ... die Beobachtung registriert wird: *Es ist ja nicht so, daß diejenigen, die der Hölle der Hitlerverfolgung entronnen sind, unablässig an jene furchtbare Erinnerung denken. Die jüdischen Einwanderer Israels haben tagaus, tagein, von früh bis spät an andere Dinge zu denken als an die Vergangenheit; die Teilnahme an den gewaltigen Aufgaben des Aufbaus füllt sie ganz aus* (Bieber 1972, 268 ff. Kursivierungen sind Zitate aus einschlägigen Schriften der 50er und 60er Jahre).

macher: „Endlösung der Palästinenserfrage" druckte. Weil die BRD, die Israel bis 1965 die Anerkennung verweigerte und um jede Mark feilschte, zugleich und ganz richtig sich als der

Rechts- und Gesellschaftsnachfolger des Dritten Reiches verstand, darum waren bis 1967 Antifaschismus und Sympathie für Israel derart eng verbunden wie danach nur der neulinke ‚Antifaschismus' und die Begeisterung für die nationale Befreiung Palästinas – ein Automatismus, der nicht zuletzt aus jenem antiquierten Begriff von Faschismus resultierte, der 1970 den SDS Heidelberg, die Kerngruppe des späteren Kommunistischen Bundes Westdeutschland (KBW) unter anderem deshalb für eine Palästina-Solidaritätsdemonstration mobilisieren ließ, weil die Juden „schon einmal zusammen mit den Sozialisten Opfer des Faschismus waren" (SDS Heidelberg 1970). Den kleinen, aber lebensgefährlichen Unterschied, der darin liegt, daß man aus der Linken austreten kann, aus dem Judentum aber nicht (Améry 1975), und der zugleich die Differenz zwischen dem autoritären Staat, den der marxistisch-leninistische Faschismusbegriff vielleicht beschreibt, und dem Nationalsozialismus ausmacht, haben die linken Deutschen nie begriffen. Sie versuchten statt dessen, es dem Genossen Stalin, dem Anti-Überich zu Hitler, mit der „Bolschewisierung" und dem Kampf gegen den Linksradikalismus, Luxemburgismus, Trotzkismus, Anarchismus und sonstige „Kinderkrankheiten des Kommunismus" recht zu machen (Enderwitz 1986; ISF 1985, 13 ff.).

In den Jahren zwischen der Anerkennung Israels durch die BRD, dem Sechs-Tage-Krieg von 1967 und dem *Schwarzen September* von 1972 kippt die Stimmung links von der Mitte fast ausnahmslos völlig um. Der linke Philosemitismus transformierte sich seiner eigenen Psycho- wie Ideologik gemäß in den linken Antizionismus aus dem einzigen Grunde, weil sich die innen- und außenpolitische Lage der zwangsparlamentarisierten Volksgemeinschaft verändert hatte und neue Bündnisse eingegangen wurden. „Die Linke" bewährt sich darin als bewußtloser Teil des völkischen Pluralismus und als der Rechten funktional völlig äquivalentes Moment des Spiegelspiels der Politik: Sie ist Element der Reproduktion nationaler Souveränität, Teil des übergeordneten Ganzen, auf das

So fest auch die Bindung an eine Autorität begründet sein mag, die Geschichte der Individuen wie der Gesellschaft ist eine Kette von Auflehnungen. Bei Auflehnung gegen die Autorität kann es sich psychologisch zunächst um zwei grundsätzlich verschiedene Erscheinungen handeln: einmal um den Abfall von einer Autorität unter Beibehaltung der autoritären Charakterstruktur mit ihren spezifischen Bedürfnissen und Befriedigungen; diesen Fall nennen wir Rebellion. Ihm steht die grundlegende Änderung der Charakterstruktur gegenüber, bei der die Impulse, die eine starke Autorität verlangen, schwächer werden oder ganz verschwinden. Diese Aufgabe des Objekts der Autorität ... wird man als Revolution im psychologischen Sinne bezeichnen. Daß man sich gegen einen bestimmten Herrn auflehnt, nicht weil man einen anderen will, sondern weil man überhaupt keinen will, ist an die Bedingung gebunden, daß das eigene Ich der masochistischen Anlehnung und Partizipation nicht mehr bedarf. Hier sind zwei Möglichkeiten zu unterscheiden: zunächst die, daß die unterdrückte Feindseligkeit zur Autorität, die normalerweise verdrängt war, zum Durchbruch kommt und die bisherige Autorität ebenso glühend gehaßt wird, wie sie bisher geliebt und verehrt wurde; dabei aber wird nicht gleichzeitig eine andere Autorität an die Stelle der früheren gesetzt. Man findet häufig, daß solche Menschen, wo immer sie Autoritäten begegnen, ebenso automatisch auflehnend und rebellisch reagieren wie der autoritäre Typ unterwürfig und verehrend. Diese Reaktion pflegt auch ebenso irrational zu sein wie die positiv-autoritäre. Es kommt nicht darauf an, ob eine Autorität vernünftig oder unvernünftig, zweckmäßig oder unzweckmäßig, zum Nutzen oder Schaden ist – das Vorhandensein von Autorität überhaupt läßt diesen Charaktertyp sofort in eine rebellische Haltung geraten. Mit diesem oben beschriebenen ‚revolutionären' Typ ist ihm rein äußerlich gesehen eine autoritätsfeindliche Haltung gemeinsam. Wenn der positiv-autoritäre Charakter die feindselige Seite seiner ambivalenten Gefühlseinstellung zur Autorität verdrängt, so verdrängt der rebellische, negativ-autoritäre seine Liebe zu ihr. Seine ganze Auflehnung ist nur oberflächlich. In Wahrheit hat er die gleiche Sehnsucht nach Liebe und Anerkennung der Mächtigen; seine Auflehnung ist gewöhnlich von einer zu strengen, ungerechten oder auch bloß lieblosen Behandlung bedingt. Er kämpft im Grund mit all seinem Trotz um die Liebe der Auto-

> rität, und mag er sich auch noch so trotzig und feindselig gebärden... Diese ‚Rebellion', bei der nur das Objekt wechselt, aber die autoritäre Struktur erhalten bleibt, ja noch verstärkt wird und deren Ideal der Typ des zur Macht gekommenen Rebellen ist, hat soziologisch größte Bedeutung. Oft erscheint sie als ‚Revolution' (Fromm 1936, 130 ff.).

im Notfall immer Verlaß ist. So ging die Logik der Politik über eine Linke hinweg, die von den staats- und nicht nur regierungskritischen Konsequenzen der Marxschen Kritik der politischen Ökonomie so wenig wissen wollte wie von Bakunin und anderen anarchistischen ‚Kleinbürgern'.

Die tatbestandsmäßig identische, nur mit unterschiedlichen Vorzeichen versehene volksgemeinschaftliche Projektion auf Israel bringt das politische Spiegelspiel des deutschen Pluralismus auf seinen völkischen Begriff wie sonst nur noch die kollektiv inszenierte, nur unterschiedlich artikulierte polemische Aversion gegen die ‚Kollektivschuld'. Was bewegt zum Beispiel den „Anti-Fa-Funk" des alternativen Radio Dreyeckland dazu, eine Sendereihe zum Thema „Faschismus, Kollektivschuld, Geschichte von unten" zu veranstalten und dafür so zu werben:

> (Es geht) um einen konkreten Punkt typischer Geschichtsverdrehung, die Kollektivschuldthese. Diese wurde nach 1945 von den westlichen Alliierten gemeinsam mit der deutschen Bourgeoisie verbreitet und sollte sagen: Die Deutschen als Kollektiv (als Volksgemeinschaft?) seien alle gleichermaßen schuld an den Massenmorden des deutschen Imperialismus und des Nazi-Regimes... Die Kollektivschuldthese diente auch zur ideologischen Absicherung der ‚Wiedergutmachungszahlungen' an den Staat Israel. Diese Zahlungen gingen nicht etwa an die einzelnen jüdischen Menschen, die selbst oder deren Angehörige Opfer des Faschismus waren, sondern dienten zum Aufbau des Staates Israel als Statthalter imperialistischer Interessen des Westens im Nahen Osten. Mit diesen Geldern wurde direkt die Vertreibungs- und Vernichtungspolitik Israels gegen die PalästinenserInnen

unterstützt. Kritik an dieser Unterstützung und am Zionismus als der chauvinistischen Ideologie des Kolonialstaates Israel, jegliche Solidarität mit dem Freiheitskampf palästinensischer Menschen wird hierzulande mit dem Vorwurf des Antisemitismus diffamiert. Aufgrund ihrer historischen ‚Schuld' als ‚Deutsche' hätten Linke in der BRD Israel kritiklos zu unterstützen (Radio Dreyeckland 1991, 33).

Woher die Aversion gegen die „Kollektivschuldthese", die, kämen die Worte „Bourgeoisie" und „Faschismus" nicht vor, von der Nationalzeitung auch nicht besser zur Sprache gebracht werden könnte? Und woher schließlich die unaufklärbare Unverfrorenheit von Leuten, die das Gleiche sagen wie die authentischen Neonazis, aber dieses, natürlich, ganz anders gemeint haben und verstanden wissen wollen?

Das Wort von der ‚Kollektivschuld' unterstellt, die bürgerliche Gesellschaft der späten Weimarer Republik sei eine basisdemokratische Veranstaltung von Individuen gewesen, die, vom zwanglosen Zwang besserer Argumente genötigt, mit überwältigender Mehrheit Hitlers Bewerbung um den Führerposten angenommen habe; es unterstellt einen im strafrechtlichen Sinne bedeutsamen Zusammenhang von Tat und Täter, die Möglichkeit der Zurechnung einer Wirkung auf eine Ursache. Wenn die Rede von einer Schuld, die anders nicht zu ahnden, wenn auch keinesfalls wiedergutzumachen gewesen wäre als, vielleicht und bestenfalls, durch Revolution oder, kaum und ersatzweise, durch noch mehr Nürnberger Gerichtshöfe und konsequente Denazifizierung, einen Sinn macht, dann den, daß kollektive Schuld darin besteht, immer noch nicht, noch nicht einmal nach Auschwitz, auf den Zusammenhang einer Gesellschaft zu reflektieren, deren kapitalistische Synthesis nicht in individueller Interaktion aufgeht und die sich vielmehr in Begriffen von ‚Volk', ‚Nation', ‚Vaterland', ‚nationale Identität' und dergleichen so darstellt, daß die identitätssüchtigen Subjekte nach ihr verlangen. Darum war

> das Schuldbekenntnis, das die Deutschen nach der Niederlage des Nationalsozialismus 1945 (formulierten), ein famoses Ver-

fahren, das völkische Gemeinschaftsempfinden in die Nachkriegsperiode hinüberzuretten. Das Wir zu bewahren war die Hauptsache... Das Schuldbekenntnis hieß vielmehr, ‚wir‘ und die Nazis gehören zusammen, der Krieg ist verloren, ‚wir‘ müssen Abbitte tun, sonst kommen wir nicht rasch genug wieder hoch. Erst wenn die Sieger Konsequenzen ziehen wollten, griff man zur unverschämten Lüge und behauptete das Gegenteil von Schuld, ‚wir‘ haben nichts davon gewußt, anstatt ‚wir‘ wollen es nicht wissen. Selbst noch das ‚Ich‘ stand für das ‚Wir‘. Ich war kein Nazi, im Grunde waren wir's alle nicht. Das Wir ist die Brücke, das Schlechte, das den Nazismus möglich machte (Horkheimer 1974, 200 f.).

Wäre die Übernahme völkischer Denkformen innerhalb der Linken tatsächlich durch Irrtum, Unwissen oder Informationsmangel verursacht, dann müßte er schon durch den staatstheoretischen Hinweis auf den Charakter bürgerlicher Souveränität zu heilen sein (ISF 1985, 13 ff.): Denn das Unterfangen, den Staat, sei es sozialdemokratisch-legalistisch, sei es bolschewistisch-aktivistisch zum Dreh- und Angelpunkt von ‚Revolution‘ machen zu wollen, wäre als Konsequenz der Verblendung durch die objektive Ideologie von Staatlichkeit durchaus aufklärbar.

Militante Aufklärung lebt von der (kontrafaktisch-hypothetischen) Unterstellung, Ideologie ließe als verirrtes Erkenntnisinteresse sich interpretieren und therapieren. Das praktische Bemühen, die Aufklärbarkeit der Antisemiten von links nach dieser Methode unter Beweis zu stellen, scheitert derart eklatant an ihrem unverschämt guten Gewissen und ihrer demonstrativ zur Schau gestellten ehrlichen Gesinnung, daß der Marxismus-Leninismus als in letzter Instanz programmatischer Referenzpunkt der antizionistischen Radikalität als die bloß theoretische Hülle eines ganz besonderen praktischen Bedürfnisses verstanden werden muß und nur noch als die Ideologieform erklärt werden kann, die – nach der Seite des Staates – die Übersetzung des objektiv Gebotenen ins subjektive Wollen leistet und die zugleich – nach der Seite des Staatsbürgers – die Übersetzung des Widerspruchs geschädigter

Interessenten in eine Opposition organisiert, die, recht verstanden, im höheren Interesse des Gemeinwohls liegt. Der Marxismus-Leninismus als die „proletarische Theorie der bürgerlichen Revolutionäre wie als revolutionäre bürgerliche Theorie des Proletariats" (Zimmermann 1974) ist die ideologische Gestalt einer konformistischen Revolte, die die „Brüderlichkeit der allumfassenden Erniedrigung" intendiert und, statt auf die Verwirklichung freier Assoziation im Wege der revolutionären Abschaffung repressiver Vergleichung, auf „repressiven Egalitarismus" zielt (Adorno 1951, 56). Die Aufklärung des Antizionismus wird durch das Bedürfnis nach Evidenz und Autorität sabotiert, das die rebellischen Konformisten von links umtreibt und ihren Elan anfeuert.

Hierin liegt das sozialpsychologische Substrat der linken Vorstellung, zwischen gutem und schlechtem, zwischen imperialistischem und revolutionärem Nationalismus müsse ein Unterschied ums Ganze gemacht werden.

Militante Aufklärung, die sich der Sache anmißt, wird durch ihren Gegenstand, will sie ihn nicht verfehlen, dazu genötigt, den Terrainwechsel von der Ideologiekritik zur Sozialpsychologie nachzuvollziehen, den der konformistische Rebell vormacht. Seine Rebellion bezweckt nicht die Abschaffung, sondern den Austausch von Herrschaft. Unsachlich wäre es, würde sie nicht als Kritik und also Polemik auftreten, als polemischer Antinationalismus, der seinen Adressaten keineswegs mehr zu therapieren, sondern vielmehr zu blamieren gedenkt. Anders als mit den Waffen der Kritik ist den ideologischen Manifestationen der deutschen Ideologie nicht beizukommen, anders kann der Volksgemeinschaft der autoritären Philosemiten und rebellischen Antizionisten nicht Paroli geboten werden. Zumindest nicht theoretisch.

10. Nie wieder Deutschland: Für die staaten- und klassenlose Weltgesellschaft!

Im Horizont des Antiimperialismus, der den Antizionismus enthält wie die Wolke das Gewitter, bleibt die revolutionäre Entkapitalisierung der Gesellschaft ebenso undenkbar wie ihre radikale Entstaatlichung. „Die Linke" hat die Chance verpaßt, aus den Alpträumen der proletarischen Marxismen zu erwachen, und sie hat ihre Gelegenheit versäumt, das obskure Amalgam von sozialdemokratischer Steinzeit und bolschewistischer Antike, die absurde Melange von rigider Politikbegeisterung und desperatem Produktivitätswahn abzutun. Das transformiert sie zur desperaten Nullität, zum organischen Element und provokanten Katalysator der latenten Volksgemeinschaft.

Der vollkommene moralische Bankrott „der Linken" in puncto Israel wie in Sachen Antisemitismus demonstriert: Es wäre – nicht nur 1968 – sinnvoller gewesen, die Linken hätten im Kaffeesatz gelesen, als im *Kapital* von Karl Marx oder in *Staatlichkeit und Anarchie* von Michael Bakunin. Was die Linken auch tun und denken mögen – sie führen sich auf wie Mini-Ströbeles und Westentaschen-Schwarzers (Bittermann 1991). Ebenso unaufklärbar wie unaufhebbar hat sich die objektive Ideologie nationaler Souveränität mit dem Sozialcharakter des rebellischen Konformismus verschmolzen; eine konfuse Fusion, deren bewußter Ausdruck, die deutsche Ideologie, in der Projektion auf Israel über die strategischen Perspektiven des Fortschritts der postfaschistischen bürgerlichen Gesellschaft zur nationalen Gemeinschaft spekuliert und sich in die unumgängliche Notwehrstimmung hineinsteigert, die für den Übergang zur fatalen Praxis unabdingbar ist.

Der unerschöpfliche Vorrat an Rechtfertigungen, der einen ebenso monströsen Amoralismus bemäntelt, ist eines der wirklich beunruhigenden Elemente nicht nur im hiesigen Massenbewußtsein, sondern auch in der hiesigen offiziellen Politik. Alle Gruppen, von den etablierten Parteien bis zum Restbestand der außerparlamentarischen Opposition, zeichnen sich dadurch aus, daß sie keine festen politischen, moralischen oder ökonomischen Prinzipien besitzen, sondern eigentlich für jeden Schwenk und jede Kehrtwendung so offen sind, wie es die Sozialdemokratie 1914 war, als sie vom Internationalismus und Pazifismus zur Begeisterung für den vaterländischen Krieg überlief. Aus den Wandlungen beispielsweise, welche die bundesdeutsche Linke in den 20 Jahren seit 1969 schon durchgemacht hat, ist auf eine Flexibilität zu schließen, für die es keine Grenzen gibt. Das Beunruhigende an den Verhältnissen in der BRD ist also, daß man weder von der Bevölkerung noch von politischen Gruppen sagen kann, was sie mit Sicherheit nicht tun würden.

Diese Diagnose des deutschen Massenbewußtseins (Pohrt 1991, 270) läßt, wie schon die Studie Erich Fromms über Arbeiter und Angestellte am Vorabend des Dritten Reiches von 1931/32 (Fromm 1980), Schlimmes befürchten.

Um den kommenden Dingen zumindest theoretisch Paroli zu bieten, bedürfte es des Verzichts darauf, Gesellschaft in Begriffen der Vermittlung von Theorie und Praxis zu denken. Denn die Vereinigung der Deutschen wird schließlich ein solch eklatantes Krisenpotential entbinden (Kurz 1991) und die Subjekte derart massiv von ihren bisherigen Lebens- und Denkumständen distanzieren, daß nichts notwendiger wäre als die massive Präsenz eines kollektiven Kritikers, der die regressiven und barbarischen Auswege aus der deutschen Misere theoretisch zu denunzieren und praktisch zu boykottieren imstande wäre (ISF 1983, 50 ff.). Die Raison praxisträchtiger Ideologiekritik bestünde darin, dem Diktum des linken Hegelianers Bruno Bauer: „Der Terrorismus der wahren Theorie muß reines Feld machen" (Bauer 1841) zur materialistischen Pointe zu verhelfen und mit der fixen Idee des bürgerlichen Positivismus wie des ‚wissenschaftlichen Sozialismus' zu brechen, ein vernünftiger Begriff kapitalistischer Vergesellschaftung bestünde in etwas anderem als in gelungener Revolution für die staaten- und klassenlose Weltgesellschaft. Das Kriterium für theoretische Wahrheit liegt nicht in Theorie selbst, auch nicht, wie beim Puddingrezept, wo „the proof lies in the eating" (Friedrich Engels), in ihrer objektiven oder parteilichen Anwendung auf Praxis, sondern darin, daß sie als geistiger Vorschein freier Assoziation an den Phänomenen wie an der Dialektik der etatistischen Kapitalvergesellschaftung negativ beweist, daß Vernunft nicht ‚für sich' als positive besteht oder gar als Ontologie der gesellschaftlichen Arbeit längst schon ‚an sich' gesetzt ist, sondern allein in ihrer antagonistischen Wendung gegen das gesellschaftliche Unwesen (ISF 2000).

Aber die historischen Subjekte, auf deren Spontaneität die Kritik einstweilen zu spekulieren gezwungen ist und deren ungedeckten Kredit sie zur Illustration ihrer Vernünftigkeit gleichwohl beansprucht, sind nicht und nirgends auszumachen. Die Transformation der Arbeiterklasse in den Stand der mit produktiven Aufgaben zeitweilig betrauten Staatsbürger hat, mit den Vermittlungsphantasmen der proletarischen Marxismen, zugleich das revolutionär vermittelnde Subjekt als proletarisches abgeschafft – was kein Schaden ist. Die totale Vergesellschaftung jedoch (Breuer 1977 und 1985), das Resultat wie das Movens dieser negativen Aufhebung der Klassen- zur etatistischen Kapitalgesellschaft, scheint antagonistische Subjektivität an sich zu sabotieren; und so nimmt die Notwendigkeit revolutionärer Abschaffungen im gleichen Maße zu wie die Möglichkeit zur freien Assoziation außer Kurs gesetzt wird (ISF 1985, 13 ff., ISF 2001).

Antiimperialismus, der hinter den brüchigen Fassaden des Marxismus-Leninismus notdürftig auf links getrimmte Kampf gegen Fremdherrschaft und für völkische Selbstbestimmung, läßt das Vernünftige am proletarischen Internationalismus: die Grenzüberschreitung, in der Addition rebellischer Nationalismen untergehen und zur Vereinheitlichung „aller Völker, die Befreiung wollen", verkommen. Nur darin könnte das Erbe des proletarischen Internationalismus bestehen, daß sein ratio-

> Unbevölkerte Inseln gibt es auf diesem Erdball nicht mehr. In welche Oase man einschlüpfen möchte, überall sitzt seit altersher ein Bodenständiger, er hat dort seinen Wohnsitz seit undenklichen Zeiten und er begehrt weder eine künftige Majorität, noch selbst nur einen größeren Zufluß an Ankömmlingen. Mit einem Worte, wenn es in der Welt ein Volk ohne Boden gibt, dann ist das bloße Träumen von einer nationalen Heimstätte – ein unethisches Beginnen. Die Obdachlosen sollen für immer heimatlos bleiben; aller Boden auf der Erdkugel ist bereits verteilt und Schluß. So fordert's die Ethik. Es gibt von uns, wie verlautet, 16 Millionen in der Welt: die Hälfte davon führt buchstäblich das Leben eines verjagten Hundes. Araber gibt es 38 Millionen, sie umfassen Marokko, Algier, Tunis, Tripolis, Ägypten, Syrien, Arabien und Mesopotamien, eine Fläche (die Wüsten nicht mitgerechnet) von der Größe des halben Europa. Auf diesem Riesenterritorium befinden sich je 16 Araber auf einer englischen Quadratmeile; es ist von Wert, zum Vergleich in Erinnerung zu bringen, daß in Sizilien 352 Menschen und in England 669 auf eine Quadratmeile entfallen. Von noch größerem Vorteil ist es, sich zu erinnern, daß Palästina annähernd den zweihundertsten Teil dieses Territoriums darstellt. Aber wenn das obdachlose Judentum für sich Palästina beansprucht, erweist sich das als ‚unmoralisch', weil die Einheimischen dies für sich als unbequem betrachten. Bei den Kannibalen gibt es Raum für eine solche Ethik, nicht in der zivilisierten Welt. Der Boden gehört nicht denen, die davon zuviel haben, sondern denen, die keinen haben. Ein Latifundien-Volk um ein Partikelchen zu enteignen, zugunsten eines Exilanten-Volkes, das stellt einen Akt der Gerechtigkeit dar. Wenn das Latifundien-Volk das nicht wahrhaben will – was an sich völlig natürlich ist, so müssen Vorkehrungen getroffen werden, daß es wenigstens nicht mit Hilfe von Mordgesellen und Attentätern stören kann (Jabotinsky 1936, 282 f.).

nales Moment zum revolutionären Antinationalismus: zur Grenzvernichtung gesteigert und im Kampf für die staaten- und klassenlose Weltgesellschaft aufgehoben wird. Das Selbstbestimmungsrecht der Völker ist ein Antagonist der freien Assoziation von Individuen – hoffentlich nicht ihr Grab.

Die Anweisung auf die staaten- und klassenlose Gesellschaft impliziert unmittelbar, daß Israel unter den Nationalstaaten der einzige, nach Lage der Dinge wie nach dem Zustand der Geschichte, legitime ist, jener bürgerliche Staat mithin, der zwar, wie jeder andere, eine ganz andere Statur beweist als den „einer politischen Organisation nach außen und eines Service-Betriebes für die Einwohner nach innen" (Broder 1986, 35) und der doch erst ganz zuletzt, im vielleicht doch noch gelingenden glücklichen Ausgang der menschlichen Naturgeschichte wird aufhören können. Wer diese materialistische Konsequenz als bloßen Widerspruch empfindet, der mag sich immerhin damit beruhigen, daß „die Linke" schon ganz anderes ‚ausgehalten' und umgangen hat.

Nicht nur deswegen ist die Propaganda für das ‚Recht auf nationale Selbstbestimmung' konterrevolutionär, weil sie der freien Assoziation autonomer Individuen diametral zuwiderläuft und das Subjekt der Befreiung zum Objekt politischer Souveränität verkehrt, sondern, mehr noch, weil sie ‚Blut und Boden' als Denkformen der Politik bestätigt. Denn die versprochene ‚Selbstbestimmung' kann nur in den der Entscheidung über die Politik der Regierung vorausgesetzten zum Beispiel demokratischen Formen stattfinden, die, qua Form, Staatlichkeit vor jedem Inhalt und jedem Programm instituieren: Das Wahlrecht, sei es so allgemein, so frei, so gleich und geheim wie nur immer, setzt die Zentralität der politischen Macht voraus; kein ‚Recht auf Selbstbestimmung' ist als Recht denkbar, das die Frage, ob Staat überhaupt sein soll, zum Gegenstand hätte. Und zugleich impliziert dies Recht als nationales, daß sein Subjekt als territorial definiertes und politisch umgrenztes schon konstituiert, mithin zum Arbeitsmaterial der politischen Zentrale formiert ist. So ist das ‚Recht auf nationale Selbstbestimmung' heillos aporetisch, und es sind diese Aporien, die der Souverän vermittelt und deren Synthese er ist (vgl. die Kritik an Stalins Opus *Marxismus und nationale Frage* in: ISF 1990, 130 ff.). Weil die Formen des Politischen zum Zwecke der Ontologisierung die Zentralität der Macht praktisch unterstellen, bewirken sie die Naturalisierung der Grenze und des Staatsterritoriums zur ‚Verwurzelung in völkischen Boden'. Das ‚Recht auf nationale Selbstbestimmung' führt zwanghaft auf das Recht der Völker an ihrer angestammten Heimat, es ist der Einstieg in die Ursprungsmythen der Nation, in die Legitimation ihrer politisch stabilisierten Reproduktion als unendlicher Zueignungszusammenhang. Der Souverän tritt auf als der Garant der Genealogie, des ‚Blutes', das auf seinem ‚Boden' sich fort- und fortzeugt. Im Resultat reduziert sich das ‚Recht auf nationale Selbstbestimmung' auf das ‚Recht' der ersten Landnahme – ein nur mit Gewalt zu beweisendes ‚Argument'. Es gehört zur geistigen Tiergeschichte der Menschheit.

Der Zionismus demonstriert den gewalttätigen Charakter jeder Inszenierung von Staatlichkeit, die Brachiallogik noch jeder nationalen Befreiungsbewegung, die ja keineswegs den Globus als den gemeinschaftlichen Besitz assoziierter Individuen beschlagnahmen, sondern bloß eine Gegend für Volk, Vaterland und Muttersprache aneignen will. Daran allerdings zeigt sich die antizionistische Propaganda symptomatisch desinteressiert – von Hamburg, dem Sitz einer einschlägig bekannten *Autonomen Nahostgruppe*, bis Bagdad wird vielmehr in Übereinstimmung mit der immer noch gültigen Nationalcharta der PLO erklärt:

> Das Judentum als Religion ist keine Nationalität mit eigenständiger Existenz. Des weiteren stellen die Juden kein Volk mit eigener Selbständigkeit dar, vielmehr sind sie Bürger des Staates, dem sie angehören" (Autonome Nahost-Gruppe 1989).

Der Unwille, endlich den Unterschied zwischen Antijudaismus und Antisemitismus zur Kenntnis zu nehmen, und die erschreckend genaue Kenntnis davon, was ein ‚Volk' ist und wer bestimmt keines, signalisieren einen Vernichtungswillen, der noch dem letzten Leserbriefschreiber aus der süddeutschen Provinz zumindest verständlich ist:

> Die Existenz Israels auf dem Gebiet, auf dem es seit mehreren Jahrzehnten besteht, ist eine einzige Provokation, die Politik der

israelischen Regierung quasi nur noch zusätzlich dazu. Daß die arabischen Länder für die Unfähigkeit Europas, gemeinsam mit Juden zu leben, ‚bezahlen' müssen, ist dort einfach nicht mehr verständlich zu machen" (Melcher 1991).

So kommen die wohlfeile Selbstkritik von Metropolenlinken am ‚Eurozentrismus', das lässige Dementi am Begriff universeller Wahrheit und der völkische Relativismus darin überein, daß das ‚Recht auf nationale Selbstbestimmung' eine humanitäre Wohlfahrt ist, auf die das Unvolk Israel keinerlei Ansprüche geltend zu machen hat.

„Der Antizionismus ist ein von Grund auf reaktionäres Phänomen, das von progressistischen, antikolonialistischen Phrasen vernebelt wird... Der Augenblick einer Revision und neuen geistigen Selbstbestimmung der Linken ist gekommen, denn sie ist es, die dem Antisemitismus eine ehrlose dialektische Ehrbarkeit zurückgibt. Die Allianz des antisemitischen Spießerstammtisches mit den Barrikaden ist wider die Natur, Sünde wider den Geist..." (Améry 1967, 249).

Beschluß

Der revolutionäre Antinationalismus wird den Gedanken sich zueignen, den 1795 Immanuel Kant im dritten Definitivartikel Zum ewigen Frieden faßte, die Idee des „Weltbürgerrechts":

> (Dieses Recht) bedeutet Hospitalität (Wirtbarkeit), das Recht eines Fremdlings, seiner Ankunft auf dem Boden eines anderen wegen, von diesem nicht feindselig behandelt zu werden. Dieser kann ihn abweisen, wenn es ohne seinen Untergang geschehen kann; so lange er aber auf seinem Platz friedlich sich verhält, ihm nicht feindlich begegnen. Es ist kein Gastrecht, worauf dieser Anspruch machen kann (wozu ein besonderer wohltätiger Vertrag erfordert werden würde, ihn auf gewisse Zeit zum Hausgenossen zu machen), sondern ein Besuchsrecht, welches allen Menschen zusteht, vermöge des Rechts des gemeinschaftlichen Besitzes der Oberfläche der Erde, auf der, als Kugelfläche, sie sich nicht ins Unendliche zerstreuen können, sondern endlich sich doch neben einander dulden müssen, ursprünglich aber hat niemand an einem Orte der Erde mehr Recht, als der andere (Kant 1977, 213 f.).

Aus dem Begriff der Menschheit folgt:

erstens,

daß die Juden das gleiche Recht auf Palästina haben wie die Palästinenser, die Georgier oder die Gagausen, von den Armeniern und Schlesiern, den Basken, Meßcheten und Kurden ganz zu schweigen;

zweitens,

daß es der nationalen Verfassung der Weltgesellschaft wegen legitim ist, aus Notwehr oder Nothilfe dies „Besuchsrecht" zu erzwingen, wenn das Dogma der „historischen Rechte" anders als mit Gewaltmitteln nicht zu widerlegen sein sollte;

drittens,

daß die Verweigerung des Besuchsrechtes mit bewaffneten Mitteln die Negation der Einheit der Gattung vollstreckt, die den ‚geistigen' Inhalt der Ideologie des (Befreiungs-) Nationalismus ausmacht;

viertens,

daß der Kampf des israelischen mit dem palästinensischen Recht auf nationale Selbstbestimmung genau solange dauern wird, bis sich die souveräne Gewalt findet, die zwischen den gleichen Rechten entscheidet und so wechselseitige Anerkennung erzwingt;

fünftens,

daß, da der Kampf gleicher Rechte um gegenseitige Anerkennung in Ermangelung dieser dritten Gewalt seit über vierzig Jahren als Krieg stattfindet, die negative Wechselseitigkeit in der Anwendung immer extremerer Mittel durchaus in seiner Logik liegt. Hier gilt der Satz: „Solange ich den Gegner nicht niedergeworfen habe, muß ich fürchten, daß er mich niederwirft, ich bin also nicht mehr Herr meiner, sondern er gibt mir das Gesetz, wie ich es ihm gebe" (Clausewitz 1963, 13). Nur dafür ist die israelische Regierung zu kritisieren, daß sie nicht den aus Abrüstungsverhandlungen berühmt-berüchtigten ‚ersten Schritt' unternimmt;

sechstens,

daß die antizionistische Verleugnung des weltgeschichtlichen Charakters der Vernichtung der Juden – weil sie den barbarischen Umschlag der bürgerlichen Gesellschaft in Deutschland als von ‚Europäern' zu verantwortendes Unglück darstellt, das die Menschen im Nahen Osten ‚als Araber' nichts anginge – den praktischen und geistigen Ausschluß der Juden aus der Menschheit am Leben hält. Und schließlich

siebtens,

daß die linken Antizionisten die legitimen Enkel der Volksgemeinschaft sind, Metropolenlinke, die den ‚Faschismus' Israels, den die Altvorderen bewunderten und beneideten, zur Abwechslung verdammen und verabscheuen, um sich ihrem genealogischen Auftrag würdig zu erweisen, der darin besteht, das nationale Wir um jeden Preis für bessere Zeiten zu konservieren.

Anhang 1

Über die Aufklärbarkeit der Antizionisten

Drei Fallstudien

Giftgas und Pazifismus
Zum deutschen Friedenswillen

> Es ist oft ein Glück für die Menschheit, daß die größeren Verbrecher die kleineren in Furcht halten. Wie dabei Vernunft und moralische Weltregierung bestehen, weiß ich freilich nicht recht zu entziffern. Wer in der Welt nicht 200 000 Bajonette mit den gehörigen Appertinenzen zu seinem Befehl hat, sollte sich's nicht einfallen lassen, öffentlich einen vernünftigen Gedanken zu haben.
>
> Johann Gottfried Seume, *Apokryphen*

Soldaten sind keine Mörder. Der gewöhnliche Mörder stellt vielmehr ein einigermaßen harmloses und zutrauliches Wesen dar, seine Beweggründe sind allgemein verständlich und jedermann nachvollziehbar. Er arbeitet nicht mit Flächenbombardements oder Giftgas, sondern bedient sich konventioneller Mittel wie Küchenmesser, Nudelholz oder Nylonstrumpf. Er will nicht dem Guten im Menschen zum Endsieg verhelfen, nicht das Reich des Bösen von der Landkarte tilgen. Er ist kein Missionar, für die Beseitigung der Schwiegermutter erwartet er keine Ehrenrente als Widerstandskämpfer und keine Anerkennung als Tyrannenmörder. So ist der Mörder ein Mensch, der, wie das Strafgesetzbuch präzisiert, „aus Mordlust, zur Befriedigung des Geschlechtstriebes, aus Habgier oder sonst aus niedrigen Beweggründen" einen Mitmenschen aus dem Leben schafft, aus Gründen also, die jedem zivilisierten Zeitgenossen unmittelbar einleuchten. Darum interessiert die Gesellschaft der Fernseher nicht, daß etwas so Unerhörtes wie Mord tatsächlich vorkommt, sondern nur, wie raffiniert der Täter es diesmal anstellt. Die Schlechtigkeit des Menschen kann getrost vorausgesetzt werden, und noch der langweiligste Tatort ist daher allemal spannender als die engagierteste Friedenspredigt. Und weil die Mitglieder einer bürgerlichen Gesellschaft eine gesunde Portion Haß und Futterneid gegeneinander hegen, weil der Bürger daher einen, der aus der Rolle fällt und dem Staat ganz privat das Gewaltmonopol bestreitet, verdächtig gut verstehen kann, auch darum ist in zivilisierten Gesellschaften die Todesstrafe abgeschafft und sind Rache und Vergeltung durch Freiheitsstrafen und Geldbußen ersetzt worden. Soweit der Staat als gewaltbewehrter Schiedsrichter die Streitigkeiten seiner bürgerlichen Auftraggeber zu schlichten hat, darf er schon deshalb nicht über das Recht auf Leben und Tod verfügen, weil jeder weiß, wie lose das Messer sitzt und wie leicht er selbst der Nächste sein kann, der danach greift.

Darum sind Soldaten keine Mörder, sondern Schlimmeres. Als Handlanger des staatlichen Gewaltmonopols und gesetzlich lizensierte Arbeiter des Todes geht ihnen die Menschlichkeit des Mörders gänzlich ab. Schon deshalb sind Mörder keineswegs die besseren Soldaten, weil ihre Motive unheilbar konkret, unmittelbar bedürfnisorientiert und durch und durch egoistisch sind. Zu Befehlsempfängern taugen sie nicht. Auch dem Amokläufer, der blindlings in die Menge ballert, fehlen die Qualitäten, die den Soldaten erst ausmachen. Er hat keine Ausdauer, die Wut des Massakers erschöpft sich relativ rasch, und danach sind nicht Orden und Paraden angesagt, sondern Katzenjammer und Klapsmühle. Die „niedrigen Beweggründe", die den Mörder, und die ziellose Vernichtungswut, die den Amokläufer auszeichnen, sind für Soldaten geradezu berufsschädigend, ein Grund für Berufsverbot. Auch Sadisten werden nicht gemustert. Schon die SS, die weithin als Mörderbande verschriene Elite der Wehrmacht, bestrafte die Kameraden, die aus Mordlust, Habgier oder antisemitischem Idealismus über die Stränge schlugen und den geordneten Ablauf der Massenvernichtung zu gefährden drohten.

Der Soldat dagegen hegt gegen den, den er ins Visier nimmt, keine persönliche Feindschaft, der Tod des Gegners verschafft ihm keinen unmittelbaren Genuß oder materiellen

Vorteil. Der Gegner ist im als Mensch absolut gleichgültig, er mordet nicht im Affekt, sondern tötet mit kalter Überlegung, bedient die Waffe nicht mit Leidenschaft, sondern wie den Joystick der Video-Wargames. Nichts anderes signalisieren die Kameradschaftstreffen der Ehemaligen, als daß man unter Soldaten, ist der Krieg einmal zu Ende, keinen Grund mehr hat, sich nicht prächtig miteinander zu amüsieren und, unter Experten, aus dem Nähkästchen des Waffenhandwerks zu plaudern. Wenn auch die politischen Anführer zwecks Mobilisierung der Heimatfront allesamt zu Monstern erklärt werden mußten – das Bombardement war jedenfalls nicht persönlich gemeint, und keiner nimmt es so.

Soldaten sind keine Mörder, sondern Staatsbürger in Uniform, Leute also, denen von der Menschlichkeit, die den Mörder auszeichnet, nichts blieb als die physische Fähigkeit, zu hauen und zu stechen. Als Menschenmaterial des Staates und Werkzeuge des Souveräns haben sie keine „niedrigen Beweggründe" zu haben und stattdessen eine hohe Moral und tüchtige Gesinnung. Es sind Idealisten, die dem politischen Leitsatz geweiht sind, daß, gehe auch die Welt darüber zugrunde, Ordnung sein muß. Wer nichts als seine Pflicht tut, der ist allemal ein produktiverer Arbeiter des Todes als Jack the Ripper, Haarmann und Konsorten. Eigennutz mordet, Gemeinnutz exekutiert.

Die deutsche Friedensbewegung allerdings, die entschlossen scheint, ihren Widerwillen gegen den Krieg mit Bittgottesdiensten, Schweigeminuten und Friedshofslämpchen vorzutragen, kümmert dieser Unterschied nicht. Soldaten müssen Mörder sein, damit die pazifistische Unschuld, vulgo: die Betroffenheit, so recht zum Vorschein kommt. Der Staatsbürger tut so, als seien die Mörder eine fremde Rasse von einem andern Stern, das Verwerfliche schlechthin und ein Auswuchs der Menschheit. Für soviel Frieden wie möglich, für sowenig Krieg wie nötig: Als wollten die gesinnungstüchtigen Demokraten zu verstehen geben, daß, was die Demoskopen schon über die Bewußtseinsspaltung der Deutschen ermittelten –

80 Prozent sind gegen den Einsatz der Bundeswehr, 80% für den Krieg –, auch tatsächlich zutrifft, schreiben die Friedensfreunde die Parole „Krieg = Mord" auf die weißen Kapitulationsfetzen, die zuletzt im Mai '45 vorgekramt wurden. Der drastische Vergleich, der wohl äußerste Empörung und unbedingten Widerspruch ausdrücken soll, deutet das geheime Einverständnis mit der Obrigkeit schon an und gibt zu erkennen, wie nah den Pazifisten das vermeintlich ganz andere doch liegt. Sie verstehen ihren Staat viel zu gut, als daß sie ihn begreifen, sie verteufeln die Soldaten viel zu sehr, als daß sie das Gewaltmonopol kritisieren könnten. Wie man 1945 gegen den Krieg war, weil er verloren ging, so ist man heute für den Frieden, solange man den Vorteil hat und weil es gemütlicher ist. Die zur Schau getragene Angst vor der Apokalypse läßt durchschimmern, wie herzlich egal einem deutschen Pazifisten Leichen sind, solange sie nicht vom eigenen Volkskörper stammen. Deshalb ist der Krieg in Nahost anstößig, weil keine Zeit mehr zum Mitleid mit den Deutschen bleibt.

So geht es nicht gegen den Krieg, sondern bloß um den Frieden, nicht gegen das staatliche Gewaltmonopol, sondern für seinen umwelt- und seelenverträglichen Gebrauch, nicht um den wirklichen Krieg, sondern um den Krieg als das Symbol der notorischen Friedensunfähigkeit des Menschen an sich. Der Krieg ist das Menschlich-Allzumenschliche, gegen das nur angebetet werden kann, Anthropologie pur, gegen die man in dem traurig-schönen Bewußtsein anrennt, sie doch nicht ändern zu können. Der Krieg um Kuwait tritt in die dem deutschen Seelenleben unverzichtbare Haushaltsstelle des Urbösen, für die der letzten Friedensbewegung vor zehn Jahren die Atombombe gerade gut genug war. Schon damals ahnte jeder, daß die Bombe zwar überall, aber bestimmt nicht auf Deutschland fallen würde – und gerade deshalb erklärte sich die geteilte Nation zum Nabel der Welt und zum vom Atomtod auserwählten Volk. Die Angst vor der Bombe war die Schauseite der Lust, die aus dem einfachen Umkehrschluß zu destillieren war, daß, wer zur Zielscheibe sämtlicher bösen Mächte auserkoren wurde, das Gute schlechthin sein muß und eine wahre Lichtgestalt. Was nach den Geboten der Logik blühender Unfug ist, nämlich von der Aussage „Alle Deutschen sind Menschen" auf den Satz „Alle Menschen sind Deutsche" zu folgern, das gelang doch mit der Behauptung „Die Deutschen sind die Opfer der Bombe", aus der die schöne These „Nur die Deutschen sind die Opfer und sind es immer gewesen" abgeleitet wurde. Man empfand sich, wie als eigentliches Opfer der Bombe und der Amerikaner, so als wahrer Leidtragender des Nationalsozialismus, der die Vernichtung der Juden nur betrieben hatte, um die deutsche Kultur ärmer und die Nation ein für alle Mal unmöglich zu machen. Der verschämte Antisemitismus der damals gängigen Reklame für „Exterminismus" und den „nuklearen Holocaust" an den Deutschen hat sich mittlerweile zur herzlichen Gleichgültigkeit gegen die Bedrohung Israels mit deutschem Giftgas gemausert; ebenso ohnmächtig wie lüstern lauert der aktuelle Pazifismus auf den Augenblick, an dem Israel, allen Mahnungen und Predigten zum Trotz, auf Vergeltung zu verzichten, endlich zurückschießt, damit das Bild vom ewigen Juden, der keine Gnade kennt, nur Auge um Auge, Zahn um Zahn, am Ende wieder ins Lot kommt. Der ersten Friedensbewegung ging es, so gestand Alfred Mechtersheimer, nicht um Pershings oder Cruise missiles, sondern um die deutsche Frage; der zweiten geht es um deutsche Antworten; und der dritten um Menschenrechte.

Soldaten haben Mörder zu sein, weil man einen veritablen ‚Befehlsnotstand' nur zu gut verstehen kann und dies doch um keinen Preis zugeben wird. Die Israelis haben nichts anderes im Sinn zu haben als eine Vergeltung, die der Massenvernichtung der Juden doch noch gerecht würde, die Rache, die man sich verdient hat und von der für die Deutschen doch eine Ausnahme gemacht werden soll. Weil es an und für sich und insbesondere für die Deutschen unbegreiflich ist, daß Auschwitz für sie ohne einschneidende Folgen blieb, gerade darum beargwöhnen der Pazifismus und seine antiimperialistische Vorhut Israel als die eigentlich am Krieg interessierte Partei und vermuten, dem „alttestamentarischen Staat", wie ihn das TV titulierte, ginge es in Wahrheit um die endgültige Abrechnung. Weil die Juden trotz Auschwitz nicht zu besseren Menschen wurden, hatte man unter deutschen Friedensfreunden schon immer gemunkelt, die Palästinenser seien die „Opfer der Opfer" und sie daher zu Deutschen ehrenhalber ernannt. Nicht als Unterdrückte einer nationalistischen Politik waren sie interessant, sondern als Opfer einer „systematischen zionistischen Vertreibungs- und Ausrottungspolitik", als die Schlesier und Ostpreußen vom Jordan, denen das Schlimmste kurz bevorsteht. Wenn nun, bei der Verwüstung des jüdischen Friedhofes im badischen Ihringen, die Parole „Irak siegt!" auf die Grabsteine geschmiert wird, dann wird der Inhalt der nächsten Etappe sichtbar, den deutsche Avantgarde bereits im Auge hat, den Übergang von der gespielten Gleichgültigkeit zur offenen Aggressivität, die sich jetzt noch hinter dem verdächtig einmütigen Ekel vor dem „Hitler von Bagdad" verbirgt. Weil die Mitglieder einer bürgerlichen Gesellschaft wie selbstverständlich in der Wolle gefärbte Fans der freien Marktwirtschaft sind, die im Prinzip des gerechten Tausches nichts anderes darstellt als tagtägliche Vergeltung und damit die ökonomische Urform des Gleich um Gleich, das Prinzip, von dem doch jeder Lottospieler für sich eine Ausnahme gemacht haben möchte, darum wird, was öffentlich über den grunen Klee gelobt wird, doch eigentlich von allen verteufelt. Es sind dieser Haß auf die repressive Egalität und diese heimliche Verbitterung über die bürgerliche Gleichheit als krud ökonomische Vergleichung, die im Antisemitismus sich aussprechen. Die bürgerliche Gesellschaft in Deutschland hat beides – das Äquivalenzprinzip als Basisideologie kapitalistischer Vergesellschaftung und den Antisemitismus ohne Juden als Erbteil der Volksgemeinschaft –, derart fugendicht miteinander verschmolzen, daß man schon gar nicht mehr weiß, ob die Geistesverfassung der Friedensbewegten noch aus ideologischer Verblendung oder schon aus genauer Absicht sich speist. Sterben für Tel Aviv? Mangelt es bloß an Bewußtsein über die im bürgerlichen Gesellschaftszustand unheilbare Fortsetzung der Politik mit kriegerischen Mitteln, die die Demonstranten für „politische Lösungen" eintreten läßt, oder ist es bereits Absicht, die den antizionistischen Vernichtungswillen der irakischen Diktatur zuhause aussitzen will? „Kein Blut für Öl"? Wessen Blut denn? Wie hoch darf einem deutschen Pazifisten der Preis sein, damit er noch ‚gerecht' ist? Giftgas auf Israel ist noch lange kein Grund, die Idee, es gebe gerechte Gewalt, nicht in Bausch und Bogen abzulehnen; Ausnahmen werden nicht gemacht, Extrawürste nicht gebraten, schon gar nicht für Juden.

Darin gleicht der deutsche Friedenswille den Unschuldsbeteuerungen von Killern, die sich vor Gericht auf ihre guten Absichten herausreden wollen. Der staatlich garantierte soziale Friede soll mit dem staatlich inszenierten Krieg, der normale Geschäftsgang des Weltmarktes mit seiner gewalttätigen Aufrechterhaltung nicht das mindeste zu tun haben und die Regel erst recht nichts mit der Ausnahme. Der Friedensbewegung zum Trotz ist Gewalt eine Lösung – und zwar für die Schwierigkeiten, die Herrschaft und Ausbeutung sich selbst bereiten. Wo der stumme Zwang der ökonomischen Verhältnisse, der anderswo Millionen ins Elend treibt, nur dann der Rede wert ist, wenn er als lautstarke Gewalt derart explodiert, daß sogar, wie es im Aufruf zur bundesweiten Demonstration am 26. Januar 1991 hieß, die „Zerstörung der Zukunft" droht, da steht zu befürchten, daß die vom Fernsehen im Dutzend aufgebotenen Experten für den Umgang mit kindlicher Kriegsangst in Wahrheit nicht den lieben Kleinen etwas Gutes tun, sondern vielmehr ihren Erzeugern aus der Seele sprechen wollen. Die Naivität jedenfalls, mit der, getreu der Parole „Krieg ist nur ein Ergebnis unserer Phantasielosigkeit", in jedem Winkel für den Frieden getrommelt und gepfiffen wird, gleicht im Resultat den bunten Bildchen, zu denen die Kinder ihre Angst mit Malstiften und kreativ verarbeiten sollen. In aller Unschuld vorgeschlagene Aktionen wie etwa die von der *taz* protegierte der *Frauenaktion Schehezerade*, man solle, zwecks „Welturabstimmung" gegen Krieg, den Stromverbrauch erhöhen, sind von jener bösartigen Infantilität, der kein Kind fähig wäre. Und wie die Weigerung, erwachsen zu werden, meistens nicht weit führt, so ist auch der Zusammenbruch dieser Protestbewegung absehbar, wenn es erst wieder normal geworden sein wird, daß die Bomben fallen, aber nicht hier. Allerdings wird die kommende Pleite des Pazifismus alles andere als die Niederlage der Pazifisten sein: Wo es darum zu tun ist, sich selbst von „niedrigen Beweggründen" frei zu sprechen, da fällt allemal, zumal im Verein, ausreichend psychischer Mehrwert ab, um für die harten protestlosen Zeiten verproviantiert zu sein. Dies Vergnügen am aufrechten Selbst ist die Ersatzdroge für Leute, die den ökonomischen Mehrwert bestenfalls anstaunen können.

Der Krieg um Kuwait als bewaffneter Konflikt zwischen Weltpolizei und Ruhestörer, als gewalttätige Auseinandersetzung zwischen dem Imperialismus der kapitalistischen Demokratien und dem notwendig, da aus Mangel ökonomischer Ressourcen, autoritären Sub-Imperialismus Iraks mag ausgehen, wie immer er will. Kriege gehören zum Kapitalismus wie Vulkanausbrüche, Überschwemmungen und Erdbeben zur Natur. Wie bei jedem Krieg als einem gesellschaftlich organisierten Naturereignis, zu dem alle ihr Scherflein beitragen, ohne es nachher gewesen zu sein, geht es auch bei diesem Krieg nicht um die Frage, wer ihn gewinnt, sondern einzig darum, daß er endlich aufhört. Weil bestenfalls zur Debatte steht, wer, zwecks Erzeugung von Kampfmoral und Beschaffung von Kriegsgründen, über die besseren Lügen und die schlagkräftigeren Ideologien verfügt, ginge es in Wahrheit darum, die gesellschaftlichen Voraussetzungen des Krieges theoretisch wie praktisch zu kritisieren, das heißt die Geschäftsordnung und nicht den einzelnen Kuhhandel. Die zigtausend Toten, die der Krieg bislang schon gefordert hat, verlangen nicht Moralinspritzen oder Parteinahme für einen der

Kontrahenten, sondern Widerspruch und Widerstand gegen die Bedingungen seiner Möglichkeit, das heißt gegen den Naturzustand, in dem sich die als Nationalstaaten verfaßten bürgerlichen Gesellschaften notwendig befinden und in dem es in letzter Instanz keinen anderen Richter geben kann als die Entscheidung der Waffen. Weil die Staaten im Weltmarkt, „im äußeren Verhältnis gegeneinander betrachtet (wie gesetzlose Wilde), von Natur in einem nicht-rechtlichen Zustande sind" (Kant), darum kann Frieden nur werden im Ergebnis des radikalen Bruchs mit Staatlichkeit schlechthin und mit dem Naturzustand, in den die Gesellschaften als bürgerliche durch das Kapital versetzt werden.

Insoweit der Krieg um Kuwait jedoch zum Krieg gegen Israel eskaliert wird und solange es zum praktischen wie ideologischen Arsenal der irakischen Diktatur gehört, einen „antizionistischen Befreiungskrieg" zur Vernichtung Israels zu führen, steht etwas anderes auf der Tagesordnung. Das Existenzrecht Israels ist unverzichtbar und ein kategorischer Imperativ, der keiner Begründung bedarf. Und weil die Linke in Deutschland zur ökopazifistisch-deutschnationalen Erweckungsbewegung verkam, weil ihr Bodensatz so unwillig wie unfähig ist, den „falschen Freunden Israels" (Meinhof 1967) in die Parade zu fahren, darum ist es immerhin besser, daß Israel falsche Freunde hat als gar keine. Diese staatstragenden Sympathisanten Israels sind die militaristischen Zwillinge seiner pazifistischen Verächter; deutsch bis in die Knochen sind sie beide. Das Credo etwa des Ex-Generals Schmückle, der im Frühstücksfernsehen erklärte, die Bundeswehr schütze von ihren Stützpunkten in der Türkei nicht zuletzt Israel und treibe damit Vergangenheitsbewältigung und „praktische Trauerarbeit", speist sich aus jenem perversen Neid schon der Nazis auf das ‚auserwählte Volk', dem man den Platz an der Sonne streitig machen wollte: „Hätte man die Juden, statt sie zu vergasen, mit an den Ural genommen, der Zweite Weltkrieg wäre anders ausgegangen" (Meinhof 1967). Was die Militaristen für Israel eintreten läßt, ist nicht Solidarität mit den Juden oder gar „Verantwortung vor der Geschichte", sondern bloßes Kalkül, abhängig von den Opportunitätserwägungen des Augenblicks. Als Richard Weizsäcker kürzlich in Jad Vaschem den Juden den Satz ins Stammbuch schrieb „Wer Dich antastet, der tastet meinen Augapfel an", da drückte das Bibelzitat aus, wie sehr man es genießt, daß der in Deutschland angeblich randständige Antisemitismus zum eigenen innen- wie außenpolitischen Vorteil von der internationalen Politik reproduziert wird. Israel repräsentiert dem Antisemiten die ihm unabkömmliche Figur des ‚guten Juden', den Vorwand, der das längst gefällte Urteil rechtfertigt. Denn die Stellung Israels in der Weltpolitik entspricht der klassischen Rolle der Schutzjuden des Mittelalters: Von der BRD zwecks Wiedergutmachung nicht der Vernichtung, sondern der Nation hofiert, von den USA subventioniert und, als einzige bürgerliche Demokratie der Dritten Welt, vom Westen privilegiert, ist es doch zugleich abhängig von den strategischen Interessen und der Willkür der Herrschenden. Wie die Pogrome ihre Logik darin hatten, die Juden stellvertretend für Herrschaft, die man nicht anzutasten wagte, abzuschlachten, so hat der Antizionismus der arabischen Nationalisten seine Räson daran, im Windschatten des Kampfes gegen Israel, das „Bollwerk des US-Imperialismus in Nahost", mit den eigenen Pfunden besser wuchern zu können. Man schlägt den Sack, um dem Esel nicht weh zu tun. Die Privilegien Israels sind die Kehrseite seiner existentiellen Bedrohung. Die naive Frage der Friedenswilligen, warum denn Israel in Sachen Palästina ungeachtet aller UNO-Resolutionen ‚erlaubt' werde, was anderen Staaten, dem Irak zum Beispiel, völkerrechtlich untersagt und mit B-52 verboten wird, ist der trostlose Reflex dieser Lage. Darin leben der dumpfe Haß auf alle, die gleicher als gleich zu sein scheinen, und der Neid, der an den Juden bekämpft, was er selber begehrt.

Darum wird der Krieg, wie immer er enden mag, jedenfalls zu Lasten Israels ausgehen. Denn die tödliche Dialektik des Nationalstaates, die in die Spirale der Nichtanerkennung

Israels durch die Mehrheit der arabischen Welt und der zunehmenden Unterdrückung der Palästinenser führte, kann nicht mit den Mitteln einer Politik gebrochen werden, die den Frieden, den sie der Legende zufolge stiften soll, durch ihr Wesen: Herrschaft vorab dementiert, und nicht mit den Mitteln von Staaten, die den Antisemitismus, den sie im Innern erzeugen müssen um ihre Gesellschaft zum Volk zu formieren, auch nach außen projizieren, indem sie Israel je nach Interessenlage dämonisieren oder anhimmeln. Der Nationalstaat widerspricht der Idee der „freien Assoziation" (Kant) prinzipiell – aber unter den Nationalstaaten ist Israel der einzige nach Lage der Dinge und dem Zustand der Geschichte vernünftige: ein Widerspruch, der, wie es im alternativ-pazifistischen Jargon so lieb heißt, „ausgehalten" werden muß. Weltrevolution, Aufhebung von Ausbeutung und Herrschaft, ist das einzige diesem Zustand angemessene Urteil und bleibt doch ohnmächtige, fast lächerliche Idee.

Soldaten sind keine Mörder, sondern Schlimmeres und anderes. Weil sie nicht von „niedrigen Beweggründen" getrieben werden, sind sie, im Gegensatz zu Mördern, zu allem fähig. Auch dazu, im Widerspruch nicht nur zu ihren persönlichen Absichten und ihrer politischen Funktion, wider Willen und Auftrag also, etwas Vernünftiges zu bewirken. Und weil der materialistische Gedanke niemandem mehr einleuchten mag, daß der bürgerliche Gesellschaftszustand zwischen Absicht und Ergebnis vor allem Entfremdung und Verkehrung setzt, und daß daher jemand, der dem Guten zum Endsieg verhelfen will, allerhand Grausiges anrichten kann, darum sollte man die Pazifisten ganz allgemein und ohne der vom *Spiegel* verbreiteten Behauptung, Saddam Hussein sei der „Hitler von Bagdad", zuzustimmen, doch daran erinnern, daß die Alliierten des Zweiten Weltkrieges keineswegs nur uneigennützige Absichten hatten und das Ergebnis ihres Kampfes trotzdem nicht, wie man daher annehmen könnte, eine Niederlage gewesen ist, sondern eine Befreiung. Die Interessen der USA und ihrer Verbündeten mögen so imperialistisch und verabscheuungswürdig sein, wie sie es auf jeden Fall sind – solange und insoweit diese Interessen die Verteidigung Israels gegen Angriffe mit deutschem Giftgas implizieren, stehen sie außerhalb jeder Kritik. Den pazifistischen Lämmern geht dieser Doppelcharakter des Krieges im Nahen Osten über den Horizont, und darum machen sie sich einen Sport daraus, ihren militaristischen Doppelgängern den Marsch zu blasen und ihnen die Sonntagspredigt zu halten. Aber das sollen sie gefälligst unter sich ausmachen. Denn daß die Forderung nach sofortiger Beendigung des Krieges und die nach Sicherheit für Israel einander ausschließen, ist so unerhört wie wahr. Solange diese Alternative besteht, ist es anstößig, das Wort vom Frieden in den Mund zu nehmen.

Radioten im Dreyeckland

> Der Antisemitismus ... ist keine Doktrin, die kritisiert werden kann, sondern eine Haltung, deren soziale Wurzeln so geartet sind, daß sie keine Begründung erfordert. Man kann ihm keine Argumente entgegensetzen, denn er ist mit einer Reaktionsart verbunden, der die Beweisführung als Denkart fremd und verhaßt ist. Er ist ein Mangel an Kultur und Menschlichkeit, etwas, was im Gegensatz zu Theorie und Wissenschaft steht. Davon hat sich jeder überzeugt, der Gelegenheit hatte, mit einem Antisemiten eine jener hoffnungslosen Diskussionen zu führen, die immer dem Versuch ähneln, einem Tier das Sprechen beizubringen.
>
> Leszek Kolakowski

„Irak siegt!": Was am 14. Januar 1991 – am Tag vor dem Beginn des Kriegs um Kuwait – die völkische Avantgarde des neuen Deutschland im südbadischen Ihringen an die Mauern des jüdischen Friedhofes schmierte, das strahlte auch das nach eigener Einschätzung „freie, antikommerzielle und linke Regionalradio Dreyeckland" (RDL) über 102,3 Megahertz aus, nur eben alternativ, pazifistisch, linksnationalistisch, antiimperialistisch. Die Experten der Redaktion *Hintergründe des Golfkrieges* besorgten es, die öffentlich-rechtliche Propaganda mit alternativer Agitation zu kontern. Und weil sich die staatstragende Reklame für den Krieg israelfreundlich und philosemitisch gab, darum ziemte sich für die alternative Gegenöffentlichkeit das genaue Gegenteil: Antizionismus und Antisemitismus.

Die Verbreitung unterdrückter Nachrichten gipfelte am 17. März in der Einladung von Prof. Dr. Helmut Spehl, eines Akademischen Oberrats am Physikalischen Institut der Freiburger Universität und leidenschaftlichen „Judenpflegers" (Eichmann in Jerusalem), zur Plauderstunde über „Israel, Palästina und die Deutschen". Als Autor verschiedener auf eigene Kosten gedruckter und im Selbstverlag vertriebener Traktate hat er sich – so mit seiner 1978 in Freiburg erschienenen Schrift *Die Fortzeugung des Behemoth. Erwägungen zu einer integralen Wiedergutmachung* – in der Palästina-Solidaritätsbewegung als „wohl bester Kenner und unbestechlicher Kritiker des Zionismus in Westdeutschland" schon lange einen guten Namen gemacht. Spehls Schaffen läßt sich dahingehend zusammenfassen, daß die Juden die Nazis von heute seien und die Okkupation der Westbank der moderne Holocaust. Die „integrale Wiedergutmachung" bestünde darin, Israel eine deutsche Lektion in Sachen Antifaschismus zu verabreichen. „Hitlers Unstern ging im Nahen Osten auf, als er im Westen unterging", meint Spehl; und jetzt organisiere die „jüdische Schnorrmaschine", der Zionismus, „alles, was da kreucht und fleucht, schlingt und wuchert, buhlt und balzt, sich wichtig macht und duckt, Tacheles redet und nicht mehr Schmonzes, was da mit Angelruten peitscht, das Kapitalverbrechen kapitalisiert, schnorrt und Geld gibt, damit die Moslems Fersengeld geben..."

Ob es das gemeinsame Schicksal war, eine unterdrückte Meinung zu haben, was zur Einladung Spehls ins Dreyeckland-Studio führte, oder schon gleich das Interesse, mit einem gutbürgerlich kostümierten Volksgenossen Konsens-Dissens-Papiere über die richtige Bearbeitung ‚der Judenfrage' zu erarbeiten, ist erstens unbekannt und zweitens herzlich egal, denn drittens handelt es sich dabei um eine Antisemitenfrage und ein Antizionistenproblem. Jedenfalls zeigte die bereits 1983 vom *Nordirland-Info* ausgesprochene Empfehlung Wirkung, Helmut Spehl sei ein gegen die Versuchung des schnöden Mammon resistenter Israel-Kritiker, der sich von der ‚Kollektivschuld' gleich gar nicht ins Boxhorn jagen lasse. Ein Zitierkartell entstand, in dem ein Spezi vom anderen abschrieb. Und so geriet Spehls *Fortzeugung des Behemoth* in einen Artikel der Nahost-Gruppe, der politischen Basis der Golfkriegs-Redaktion um den RDL-Moderator Christian

Möller, und wurde zum Beleg der Gleichung „Zionismus = Faschismus" angeführt. Die Einladung sollte vielleicht ein Problem klären helfen, an dem die linken Volkstümler seit 1988 knabbern, seit sie beklagten, „wie schwierig es in der BRD (ist), Antizionist bzw. Antizionistin zu sein, zum einen, weil dieser Begriff heute auch von neonazistischen Gruppen mißbraucht wird, und zum anderen, weil die beiden Begriffe bewußt von der politischen Reaktion vertauscht werden" (Nahostgruppe 1988).

Die fixe Idee, die Nazis mißbrauchten die Begriffe ihres Führers, und der einigermaßen originelle Einfall, die Reaktion ginge mit den Begriffen um wie die Hütchenspieler in der Fußgängerzone von Bitterfeld, ließ die Genossen nicht ruhen. Es konnte einfach nicht sein, daß der Begriff des Zionismus mit Hitlers Definition, „der ganze Zionistenstaat (soll) nichts werden als die letzte vollendete Hochschule ihrer internationalen Lumpereien" schon sein Bewenden haben sollte.

Nicht genug also, daß der verantwortliche Moderator, der für RDL auf Staatsknete Kontakt zu Ausländerinitiativen unterhält, die Jazz-Musik der Imperialisten wenigstens für die Dauer der US-Aggression gegen den friedliebenden Irak verboten wissen wollte; nicht genug, daß sich RDL mit *Radio Bagdad* zwecks Ausgewogenheit kurzschloß und Saddam Husseins Anweisungen an die „edlen Seelen der Friedensbewegung" verbreitete; nicht genug, daß die Reden des völkischen Stalinisten Karam Khella, der Saddams Krieg als Fortsetzung der Intifada mit anderen Mitteln pries, über den Sender gingen; nicht genug, daß, wie die „Antifa"-Welle bei RDL jeden Freitag abend demonstriert, der südbadische Antifaschismus darin bestehen soll, das Volk von einer ‚Kollektivschuld' zu kurieren, unter der es mutmaßlich mächtig leidet – mit der Einladung des Professors mußte überdies dokumentiert werden, daß der schon ideologiekritisch erhobene Befund, der Antizionismus sei tatsächlich Antisemitismus von links, auch detektivisch belegbar ist. Als sei das Maß noch immer nicht voll, mußte jetzt noch bewiesen werden, daß das gute Gewissen linker Israelfeinde so ungeheuerlich gut ist, daß sie in aller Unschuld die in der theoretischen Bahn ihres Gedankens liegende Konsequenz auch praktisch ziehen und, darin den Nationalbolschewisten der zwanziger Jahre, Karl Radek und Moeller van den Bruck vergleichbar, gemeinsam mit erklärten Reaktionären an der reeducation des zwangsparlamentarisierten Staatsvolks zur Volksgemeinschaft arbeiten. Dieser Volksfront habe es darum zu gehen, verriet der Professor dem Moderator am 24. April im Radio, „den Leuten die Peinlichkeit zu nehmen, über dieses Problem überhaupt zu reden; und dafür ist die linke Bewegung – ich zähle mich da überhaupt nicht dazu." Darum gehe es, in Sachen Israel „die Hemmnisschwelle abzubauen", sich nicht länger „totschweigen" und von der zionistischen „Kollektivschuld"-Propaganda um Geld und Anstand bringen zu lassen: Alles andere, so Spehl, beweise nur den Agitationserfolg der „5. Kolonne des Zionismus".

Pech nur für die antizionistische Gemeinde, daß die Dämmerstunde mit dem Professor unerwartete Folgen hatte. Denn ein paar Soziologie- und Germanistikstudenten hörten mit, die Marx und Adorno nicht als Vorstufe zu Habermas mißverstanden hatten, und als sie am 27. April, probehalber, im Radio den zwanglosen Zwang der besseren Argumente wagen wollten, ergab sich eine denkwürdige Diskussion, deren Resultat der zuständige Moderator (Möller) für sich in dem Satz resümierte: „Es kann doch etwas nicht nur deshalb schon falsch sein, weil Nazis es sagen."

Der manifesten Unaufklärbarkeit der antizionistischen Radioten sollte durch eine Frequenzbesetzung bei RDL am 11. Mai abgeholfen werden (vgl. die Besetzererklärung in *konkret* 7/91). „Als HörerInnen eines linken und freien Radios können wir solche Zustände nicht länger hinnehmen", schrieben die Besetzer; und sie demonstrierten damit eine Wertschätzung des Radios, die in der Folge gnadenlos ihrer Substanzlosigkeit überführt wurde. Mit der gewaltlüsternen Diffamierung der Besetzer als „Mossad-Agenten" und „Staatsschutzlinke" stimmte die Fachredaktion Nahost die antizionistische Nationalhymne an, die die Mehrheit der etwa 200 Radiomacher in der Folge als legitimen Bestandteil des alternativen Potpourris zu akzeptieren beschloß. Wie sich am Ende herausstellte, sollte die Wahrheit niemandem geschadet haben außer denen, die sie aussprachen: Je stiller es um den antisemitischen Professor wurde, desto lärmender wurden die Besetzer entweder, zum Beispiel von den Sympathisanten des Moderators aus dem autonomen *Infoladen Subito*, des „politischen Totschlags" mit Hilfe des „Knüppels des Antisemitismusvorwurfs" bezichtigt, oder, etwa von der erst schweigenden, dann umso redseligeren Mehrheit, des „autoritären Gehabes", der „Unwissenschaftlichkeit", des „Dogmatismus", der „Polemik" und gar des terroristischen Plans beschuldigt, „Existenzvernichtung" und „Berufsverbot" gegen Genossen im Schilde zu führen, die doch bloß einmal ihre Meinung gesagt haben wollten.

Mit Nazis und ihren roten Adjutanten soll nach Meinung der Szene nicht anders verfahren werden dürfen als nach der therapeutischen Methode, die der von Antizionisten kaum zufällig leidenschaftlich herbeizitierte Erich Fried vor Jahren so überaus erfolgreich bei Michael Kühnen in Anschlag brachte: einfühlsam, verständig, väterlich fast, jede Gemeinheit als Irrtum entschuldigend und jedwede Niedertracht als bloße Unachtsamkeit bagatellisierend. Hatte der ‚Antifaschismus' der Antiimp-Szene zuvor nur allerhand Anlaß zu Gelächter geboten („An alle AntifaschistInnen! ... Keinen Fußbreit den Faschisten!", hieß es zur Freude alter BDM-Kameradinnen in einem Freiburger Aufruf zur Verhinderung des NPD-Parteitages in Villingen-Schwenningen) – jetzt zeigte er seine fatale Rückansicht. Wer hoffte, der „Nazifikation des Marxismus" (Manès Sperber) durch den Stalinismus sei durch die Protestbewegung ein Ende gemacht worden, sah sich eines Schlechteren belehrt. Jedenfalls geriet der Versuch der Besetzer, den so oft beschworenen ‚linken Konsens' zumindest zur Unterbindung der schlimmsten Fehlleistungen des antiimperialistischen Subversivbewußtseins zu mobilisieren, unverhofft zur Aufklärung über die Linke. Was als intervenierende Kritik gedacht war, das wurde, je länger je mehr, zur teilnehmenden Beobachtung und zur ethnologischen Begleitforschung über die Sitten und Unsitten einer Population, in der keine Krähe einer anderen ein Auge aushackt. Ein Abgrund von Aufklärungsverrat tat sich auf.

Im Ergebnis hatte die Besetzung wenig mehr zur Folge als die eigentlich überflüssige Illustration der Behauptung Wolfgang Pohrts, das wirklich Beunruhigende an den Zuständen der BRD sei, „daß man weder von der Bevölkerung noch von politischen Gruppen sagen kann, was sie mit Sicherheit nicht tun würden" (Pohrt 1990, 270). Diese ‚Linke' kennt nur einen Konsens, den ein verständigerer Radiomacher in die Worte faßte: „Es besteht wohl Einigkeit darüber, daß RDL Antisemitismus als solchen nicht zur Diskussion stellen darf. Was und warum allerdings antisemitisch ist, das ist nicht leicht und mit Konsens festzustellen." „Konsens", ein freundlich nach Basisdemokratie klingendes Wort für Gemeinschaft, war der Vorwand, der antizionistischen Agitation Minderheitenschutz einzuräumen.

Die durchaus solidarische Kritik der Besetzer an den bei RDL eingerissenen Praktiken setzte immerhin voraus, daß die Reklame für das „antikommerzielle Regionalradio" der Substanz nach ein bißchen mehr sei als bloß mäßige Public Relation für das ausgelagerte Volontariat des Bürgerfunks. Daß die Geschichte des Radios von unten, das seit den Zeiten des Kampfes gegen die AKWs Wyhl und Fessenheim illegal und subversiv das bürgerliche Meinungsmonopol attakkiert, längst zum Mythos verkam und zum Gründungsmärchen, daß das politische Konzept der Radiomacher tatsächlich nur aus einem wallraffmäßigen Gesellschaftsbild besteht – das wußte man nicht, konnte es vielleicht auch gar nicht wahrhaben. Daß der Konsens der Radiomacher jedoch erstens in ihrer vollendeten Gleichgültigkeit gegen den Inhalt der unterdrückten Nachrichten von ganz unten besteht, zweitens in quengelnden Bettelbriefen und larmoyanten Spendenaufrufen sich artikuliert, drittens im resoluten Willen zur Geltung kommt, sich von Unbefugten nicht dazwischenfunken zu lassen, war eigentlich seit 1988 bekannt, seit ihrer Weigerung, einen Aufruf gegen den manifesten Antisemitismus einiger linker Israel-Kritiker zu unterzeichen, die mit der Parole „Anti-Zionismus = Anti-Faschismus" Stimmung zu machen versuchten. Unter diesem Motto waren im Januar 1988 einem der Fans des schon länger einschlägig aktiven RDL-Moderators Möller die taktischen Sicherungen durchgeknallt. Sein *Kampfblatt für den Aufstand* förderte ein linksrabiates Deutschtum zutage, das sich mit Forderungen wie „Das zionistische Staatengebilde ‚Israel' muß verschwinden!" die Wut von der erniedrigten und beleidigten Volksseele sudelte.

Freiburg im Breisgau ist ein starkes Stück Deutschland; seine Politszene ein Vivarium aller links von der Mitte vorkommenden Kuriositäten, ein Laboratorium sämtlicher alternativer Scheußlichkeiten, das sich der exemplarischen Widerlegung der Blochschen These verschrieben hat, die Provinz könne unmöglich übergleichzeitig sein. Die wiedergutgemachte Nation im kommunalen Biotop: Was anderswo, in Hamburg, Frankfurt oder Berlin, Platz genug hat, sich notfalls aus dem Weg zu gehen, das hockt hier auf einem Haufen, nistet im Sanierungsviertel *Im Grün* (wo natürlich auch das Radio seine Heimat gefunden hat), säuft sich im *Reichsadler* um den Verstand, frißt sich im *Grünhof* um die Generallinie, kann sich nicht ausstehen und muß es doch miteinander aushalten, leidet an den ewig gleichen Visagen und agitiert doch seit Menschengedenken aneinander herum. Und brütet.

Und so gibt es in Freiburg nichts, was es nicht gibt: grüne Fundamentalisten wie den ehemaligen Landtagsabgeordneten Thilo Weichert, der sich dem Programm des „parlamentarischen Anarchismus" verschrieben hat, grüne Ultrarealos wie den politologisierten Dr. Salomon, der so ökologisch ist, daß er Urquell-Pilsner über die Köpfe seiner Kritiker schüttet. In Südbaden hat sich das ‚Prinzip links' ganzheitlich und komplett versammelt – undenkbar, daß die Psycho-Stalinisten des *Bundes gegen Anpassung* anderswo ihren Ursprung haben könnten, unvorstellbar, daß die Grünen in der Stadt des Parapsychologen Bender nicht auf 20 Prozent kämen, unmöglich schließlich, daß *Radio Dreyeckland* irgendwosonst ein Publikum gefunden hätte, das sich alles bieten läßt, weil es schon froh sein kann, daß sich überhaupt jemand die Mühe macht. Nach Lage der Dinge hätte es eine provinzgeschichtliche Katastrophe bedeutet, wäre Freiburg nicht zu einer Metropole der Friedensbewegung geworden. Und wie keine andere Stadt den gesellschaftlichen Sinn der Ökologiebewegung so gründlich durchblicken läßt – die Aufrüstung einer Spießbürgerstadt zur „heimlichen Öko-Hauptstadt" der Republik deutet an, worum es geht. So ist das südbadische Abseits ein unheimlicher Ort, der jede Menge Aufschluß darüber gibt, wozu Linke fähig sind, wenn der Tag lang ist und sich die Gelegenheit zur Volksfront bietet. Die Friedensbewegung war ein Erlebnis fürs Leben: In Nahost fielen Bomben auf Bagdad und Raketen auf Tel Aviv – *Im Grün* fühlte man sich getroffen, und zwar tödlich. Während der durchaus bürgerliche Stadtteil Wiehre so viele Bettlaken hißte wie kaum im Mai 1945, während die ausrangierten Schlesierfunzeln flink zu Friedenskerzen umfunktioniert wurden, während der *Bund gegen Anpassung* Saddam Hussein so lobte wie das Jahr zuvor den Schönhuber, als aufrechten Menschen mit Rückgrat nämlich, der sich von der Reaktion die Begriffe nicht vertauschen und vom Imperialismus den Schneid nicht abkaufen läßt – währenddessen ging antizionistische Propaganda live über den Volksempfänger.

Es ströbelte auf der ganzen Linie. Schuld waren die Juden, die sich erdreisteten, einen „Krieg de luxe" zu führen, lachende Dritte hinter den Kulissen, Drahtzieher, die andere ihren Krieg führen ließen, ohne die Zeche zu zahlen und gefälligst selbst zu bluten. Während es in Nahost zur Sache und ans Leben ging, wurde das andere Deutschland vor Todesangst panisch. Wer den abgründigen Doppelcharakter des Krieges um Kuwait, einerseits innerkapitalistischer Konflikt zwischen der Weltpolizei und ihrem aus dem Ruder gelaufenen regionalen Sub-Polizisten zu sein, andererseits wie selbstverständlich zu Lasten Israels ausgetragen zu werden, zögerlich genug thematisierte, dem wurde auf der Leserbriefseite der zum Stadtmagazin ZET gestylten *Stadtzeitung* entgegengehalten: „Die Existenz Israels auf dem Gebiet, auf dem es seit mehreren Jahrzehnten besteht, ist eine einzige Provokation, die Politik der israelischen Regierung quasi nur zusätzlich dazu. Daß die arabischen Länder für die Unfähigkeit Europas, gemeinsam mit Juden zu leben, ‚bezahlen' müssen, ist dort einfach nicht verständlich zu machen." Da ließ sich nur noch mit dem Moderator Möller die Frage diskutieren, „ob z.B. nicht auch Israel einer der Verursacher des neuen Antisemitismus geworden ist" (RDL, 17.3.).

Ausgerechnet jetzt, ausgerechnet das: anders läßt sich die Reaktion der Mehrheit der Radiomacher auf die anti-antizionistische Frequenzbesetzung kaum umschreiben. Während eine marginale Minderheit schamhaft sympathisierte, organisierte die Geschäftsführung die Abwicklung des Skandals. Die Hörer- und Mitgliederversammlung, die am 15. Mai, vier Tage nach der Besetzung, stattfand, zeigte, wohin die in vielen Gemeinden zur staatsdemokratischen Erziehung der Jugend eingerichteten Kinderparlamente geführt haben: Ein kleiner Bundestag hatte sich eingefunden, dem die Sache nichts, die Geschäftsordnung alles bedeutete. Der Antrag der Besetzer hatte gefordert: „In RDL dürfen bei der Kritik Israels keine Analogien zum Nazi-Faschismus gezogen werden" – die Debatte darüber wurde zum Seminar über die Varianten und Möglichkeiten umfunktioniert, Faschismus nach Konsensprinzipien so zu definieren, daß auch Faschisten zustimmen könnten. Hatten die Besetzer verlangt, den Antisemitismus dann erst recht zu verurteilen, wenn er linksmaskiert umgeht – ihr Anliegen wurde als totalitäres Linksintellektuellengehabe denunziert, als Versuch, eine „Meinung" zum Gesetz zu erheben und „Denkverbote" auszusprechen. Darauf lief der Antisemitismusbegriff der Mehrheit hinaus, daß es unendlich schwierig sei und eigentlich gemein, Menschen wie den Professor und seinen Moderator, die von sich selbst doch das Gegenteil behaupteten, einer solchen „Rufmordkampagne" auszusetzen. Fazit: „Antisemit" dürfe nur der gescholten werden, der sich selber so nennt.

Hatten die Besetzer weiterhin verlangt, „jede Kritik von Deutschen und in Deutschland an Israel" habe die Sprache und die Ideologie des „Antizionismus" zu vermeiden - so wurde ihnen entgegengehalten, diese Forderung sei selber rassistisch, denn sie impliziere eine Paßkontrolle am Eingang zum Studio. Daß die Versammlung schließlich mit 31 Ja- und 2 Nein-Stimmen bei 5 Enthaltungen beschloß, „daß im Programm von RDL Antisemitismus keine legitime Meinung ist, die zur Diskussion gestellt wird", wird sie sich mittlerweile selber nicht mehr erklären können. Denn nicht der geringste Widerspruch wurde laut, als ein Adjutant des Moderators gleich zu Beginn erklärte – und er wiederholte damit nur eine schon über den Sender gegangene „Klarstellung" der Redaktion *Hintergründe des Golfkrieges*: „Dieser Diskussionsteilnehmer (gemeint ist Spehl) ist zur Diskussion eingeladen worden aufgrund seiner Beschäftigung mit Israel. In einem Vorabgespräch ist zu den Fragen Verhältnis zu Israel und Position gegenüber den Naziparolen nachgefragt worden, ferner war die Problematik bekannt, daß auch Nazis sich als Antizionisten tarnen wollen. Spehl verharmlost das Problem des historischen und aktuellen Antisemitismus und spielt reaktionärem Denken in die Hände. Zum anderen spielt er damit denjenigen Leuten in die Hände, die nur darauf warten, die billige Gleichung zu konstruieren, Antizionismus sei gleich Antisemitismus."

Und so weiter und so fort: Der Verlauf der Hörer- und Mitgliederversammlung offenbarte, daß der Skandal keineswegs allein im offenen Bündnis des altbekannten Antisemitismus eines reaktionären Professors mit dem Zeitgeist-‚Antizionismus' eines linksradikalen Moderators und seiner Sympathisanten liegt, sondern überdies in der Indifferenz einer schweigenden Mehrheit, die über alles reden kann, über das Wetter, über die Revolution, und im Prinzip auch über die Frage, ob Schwarze Menschen sind. Noch nicht einmal zur bürgerlichen Lösung des Pluralismusproblems – „wehrhafte Demokratie" – sah man sich in der Lage; Leute, die es ganz in der Ordnung fänden, neonazistische Organisationen nach Paragraph 133 Grundgesetz zu verbieten, legten in eigener Sache einen obszönen Pluralismus an den Tag, der nichts anderes darstellt als die Bedingung der Möglichkeit der antisemitischen Agitation von links. Weil es aber in der Natur von ‚Extremen' liegt, daß sie sich gegenseitig aufschaukeln, muß es eine ‚Mitte' geben, die den Überblick wahrt und ums Ganze sich sorgt – dieser durchaus bürgerliche Gedanke, der auf das Ruhebedürfnis der Verwalteten spekuliert, verschaffte der RDL-Geschäftsführung die Legitimation, die Sache auf die lange Bank zu schieben und sich zugleich als Justitia zu profilieren, die für den Hinweis dankt, aber seine unsachliche Form bemängelt. Denn der schließlich beschlossene, vom Geschäftsführer eingebrachte Antrag bezweckte allein die Abwehr des weitergehenden der Besetzer, die konstatiert und gefordert hatten: „1. Es ist nachgewiesen, daß die Nahost-Redaktion sich in ihrem Antizionismus als antisemitisch enttarnt hat; 2. Es ist nachgewiesen, daß dieser Antisemitismus weiter an die Hörer kommt; 3. Die Nahost-Redaktion wird von ihrer Sendetätigkeit suspendiert und erhält Mikrofonverbot" bis zur Mitgliederversammlung am 26. Juni – 24 mal Ja, 41 mal Nein.

Nachdem die Sache derart glimpflich abgegangen war, machte sich die RDL-Programmkommission schon am übernächsten Tag daran, ihren eigenen Antrag zu widerrufen. Denn Punkt zwei dieses Antrages bestimmte, „daß es eine Aufgabe von RDL (ist), den Antisemitismus und den Antizionismus, der in Antisemitismus umkippt, in RDL und in der Linken allgemein zu bekämpfen". Zu diesem Zweck, so die Punkte drei und vier, solle erstens Sendezeit eingeräumt werden, und zwar – zweitens – zu genau den Zeiten, an denen üblicherweise der Antizionistenrundfunk über den Äther geht. Konnte man schon gespannt sein, wie die Radiomehrheit das „Umkippen" des Antizionismus in seine trostlose Wahrheit verhindern wollte – denn bereits am Tag drauf, am 16. Mai, war schon wieder und natürlich folgenlos von der „jüdischen Schnorrmaschine" und einer sog. „Holocaust-Folklore" die Rede – so war es umso interessanter, den Sender dabei zu belauschen, wie er seine Reklameformel vom „HörerInnenradio" in Grund und Boden dementierte. Die Konfrontation mit dem antizionistischen Moderator und seiner Lobby, auf die man sich im Überschwang des Abwiegelns verpflichtet hatte, wurde denn doch noch geschickt vermieden, indem man sich eines angestaubten Paragraphen erinnerte, der vor Zeiten Majorisierungsversuche des *Bundes gegen Anpassung* hatte verhindern sollen: Beschlüsse der Hörer und Mitglieder gelten danach erst, wenn sie vom Redaktionsplenum genehmigt worden sind. Und so dumm war man natürlich nicht. Aus dem Recht auf „Sendezeiten" für die Besetzer wurde die Gnade, auch einmal zu einer Round-table-Diskussion eingeladen zu werden; aus dem Beschluß der MV, das ominöse „Umkippen" zu verhindern, folgte weiter nichts als die den Besetzern souverän erteilte Erlaubnis, unter Umständen die Kritik am Antisemitismus in den Radio-Pluralismus hineinbetteln zu dürfen.

Diese Linksmichel-Taktik der Geschäftsführung schlug an. Dem simplen Vorsatz, die Kritik als Aufforderung zur Diskussion mißzuverstehen und die Forderung nach Konsequenzen als freundlichen Hinweis darauf, daß irgendetwas im Argen liege, konnte der Erfolg nicht lange versagt bleiben. Die Behauptung, es bestünde Diskussionsbedarf, kaschierte das abgründige Interesse, den Betrieb um des Betriebes willen weiterzuführen. Die Besetzer, denen es doch noch gelungen war, ein paar Frequenzalmosen zu ergattern – Sonntag nachmittag um zwei Uhr zum Beispiel –, ließen sich in die Eingeweide des Radios verwickeln und kannten das RDL-Statut bald besser als die Antizionisten Theodoer Herzls *Judenstaat*. Auch der in der Szene losbrechende Flugblattkrieg tat seinen Teil dazu, daß das Vereinsmeierkalkül, das in der letzten Juni-Woche gar zur Einsetzung einer Untersuchungskommission zur Geschichte und Zukunft des Antisemitismus in Deutschland unter – natürlich – besonderer Berücksichtigung Israels führte, aufging. Bald wußte niemand mehr so ganz genau, wer was wann wo und warum zu wem gesagt hatte – unter der Hand verwandelten sich der Professor Spehl und seine Radiostudenten in einen Gegenstand der Zeitgeschichte.

In dieser Situation schrieb RDL-Geschäftsführer Michel Menzel einen „Offenen Brief an die Besetzer", der sich, obwohl so geschwätzig wie ein ganzes Juristen-Repititorium, in ein Wort fassen läßt: Ideologieverdacht. Die Besetzer, so war zu lesen, hätten sich einer „herrschaftsheischenden Überrumpelungstaktik" schuldig gemacht, sie hätten eine „politische Denunziationsmetaphorik" in Anschlag gebracht, und es sei schließlich gemein von ihnen, nicht anzuerkennen, daß linke Antisemiten auch Menschen seien: Ihre Kritik trachte danach, „politische Positionen und ihre Träger als politische Unpersonen auszugrenzen". Die Besetzer hätten sich entlarvt, als sie den Professor auf Lebenszeit einen „beamteten Hetzer" nannten – „diese Praktiken sind uns nicht zuletzt von den Berufsverbietern der CDU sattsam bekannt".

Was die Antizionisten fleißig ins Dreyeckland abstrahlten, war somit zum offiziösen Standpunkt des Radios geworden – daß es sich nämlich beim linken Antisemitismus um eine „politische Position" handle, die auszugrenzen ebenso undemokratisch sei wie die Abkanzelung eines professoralen Schmierfinken. So offenbart der Passus des „Offenen Briefes", der den Besetzern „Mindestbedingungen einer fairen Konfliktaustragung" abverlangen wollte, sowohl das unbedingte Interesse an einer Normalität, die der Radio-Souverän formalistisch verwalten kann, als auch die unter gewohnheitsmäßigen Kommunikationsagenten herrschende Zwangsvorstellung, nichts und gar nichts gebe es, worüber man unter Konfliktpartnern nicht in aller Ruhe reden könne. Nicht zuletzt das nach der Mitgliederversammlung vom 15. Mai losbrechende Flugblattgewitter war es dann, das die Besetzer dazu bewog, ihren auf den 26. Juni vertagten Antrag zu kassieren. Die Sache erwies sich als hoffnungslos, eine immanente, im Prinzip solidarische Kritik an *Radio Dreyeckland* war unmöglich, denn die Radioten hatten schon längst entschieden, nur von zwei Argumenten sich noch beeindrucken zu lassen: erstens vom drohenden Imageverlust, zweitens von finanziellen Einbußen. Denn daß die Unaufklärbarkeit der Antizionisten die betriebsblinde Gleichgültigkeit der links-alternativen Mehrheit zur Voraussetzung hat, wurde aufdringlich in Flugblättern mit Überschriften wie „Stellungnahme zur Art der Vorwürfe gegen RDL" einer Türkei-Kurdistan-Gruppe und in Statements wie dem einer Stadtteilgruppe Stühlinger deutlich, die zu bemängeln wußte, daß „an die Stelle einer inhaltlichen Diskussion Polemiken gegen VertreterInnen einzelner politischer Gruppen getreten (sind), die von üblen persönlichen Beschimpfungen über Denunziation bis hin zur Trivialpsychologisierung einzelner Personen reichen".

Die linken Antisemiten schwimmen im alternativen Milieu wie die Fische im Wasser – dieser theoretisch allerdings vorhersehbare Sachverhalt schockierte die Besetzer gleichwohl, hatten sie es doch in einem Anflug von Lokalpatriotismus nicht für möglich gehalten, daß so etwas ausgerechnet hier passieren könne. „Auf die konkreten Vorwürfe der ISF und UnterstützerInnen einzugehen, halten wir hier nicht für nötig", hieß es in einem „Offenen Brief" des *Infoladens Subito* an RDL – und die alternative Mehrheit wird es weder hier noch anderswo und weder jetzt noch später für nötig erachten, zur Sache zu sprechen, weil für sie ausgemacht ist, daß es sich bei Leuten, die den Antisemitismus für gefährlich halten, nur um „Metropolenlinke" handeln kann. Der Antisemitismus geht die Linke so wenig an, daß sie ihn guten Gewissens selber befördern kann. Kein Wunder also, daß in der von RDL herausgegebenen Dokumentation unter den eintönigen Erklärungen – von der *AntiFa-Gruppe Lörrach* bis zur *Inforedaktion* von

Radio LoRa Zürich – genau eine einzige Stellungnahme sich findet, die die Kritik der Besetzer für mindestens diskutabel hält – und die stammt von einer evangelikalen Pazifistin. Kein Wunder überdies, daß RDL eine Zuschrift von Dr. H.G. Otto aus 7858 Weil am Rhein erhielt, der es erstens bedauert, daß die Nazis „den ursprünglich gar nicht schlechten Arbeitsdienst-Gedanken" ruinierten, und der seinem Schreiben zweitens ein Buch über den arabisch-israelischen Konflikt beilegte, was er natürlich niemals getan hätte, „wenn ich befürchten müßte, daß es in ‚unrechte', in antisemitische Hände fiele".

Die RDL-Mitgliederversammlung am 26. Juni verlief, als sei sie eigens dazu anberaumt worden, noch das mieseste Vorurteil über ‚die Linke' zu bestätigen. Als die Besetzer ihren Antrag wegen erwiesener Unzuständigkeit der Versammlung zurückzogen, ging ein Aufatmen durch die Reihen. Die Stalinisten vom BWK (Bund Westdeutscher Kommunisten), die sich die durchaus egoistische Mühe gemacht hatten, die linken Antisemiten mit einem Gegenantrag zu schützen, verfielen auf das Argument, die Besetzer hätten eingesehen, daß ihre Sache falsch, weil „nicht konsensfähig" sei. In ihrem Antrag hieß es: „Das Problem, daß sich faschistische Gruppen ebenfalls als ‚antizionistisch' bezeichnen, ist tatsächlich ein Problem für die Linke."

Ein Problem, tatsächlich: Eben daran arbeiten der Moderator und seine Nahost-Gruppe seit 1988. Wer im Publikum die Angemessenheit der Kritik engagiert bestritt, der bestätigte sie – wie dieser Zwischenrufer: „Müssen wir uns denn als Angehörige eines Volkes, das den Holocaust zu verantworten hat, bei unserer Kritik an Israel auf die Zunge beißen, eh' wir erstmal so drauflosreden?" Menschen aus dem Umfeld des *Nord-Süd-Ladens*, der mit den Traktaten des Professors dealt, erklärten unwidersprochen, der Antrag der Besetzer sei „der schlimmste Anschlag auf die Meinungsfreiheit seit 1933". Ein Vertreter der Linken Liste/Friedensliste, die einen Abgeordneten des Gemeinderats stellt, radikalisierte seine wenige Tage zuvor über RDL kundgetane Meinung, daß, „völkerrechtlich gesehen, die israelische Okkupation der Golanhöhen das gleiche ist wie Hitlers Rußlandfeldzug", während die Großmutter der Freiburger Szene Israels Umgang mit den sowjetischen Juden „faschistisch" nannte. Ein Mitglied des RDL-Vorstands bewertete all dies als „gelungenen Auftakt für weitere fruchtbare Diskussionen, als gutes Fundament einer sachlichen Aufarbeitung, und zwar einer differenzierten". Ein verhärmter Vertreter des BWK, der „nicht darüber spekulieren" mochte, „was ich im Faschismus gewesen wäre", bedauerte im nächsten Atemzug, „daß man hier in der BRD nicht freiweg (von Israel) reden kann"; die Versammlung beschloß die Einrichtung einer wissenschaftlichen Kommission zur sachlichen Klärung der noch strittigen Fragen – es meldeten sich Moderator Möller und die Genossen vom BWK; ein Besetzer kritisierte die Attitüde der verfolgten Unschuld, mit der die Antizionisten sich schmückten – und wurde aufgefordert: „Du müßtest Christian (Möller) fragen: Was würdest Du eigentlich sagen, wenn Du Dir nicht auf die Zunge beißen müßtest?" Und der Moderator antwortete: „Den Professor Spehl als Antisemiten zu bezeichnen, das ist eine Unverschämtheit, glatter Rufmord. Ich habe mich mit ihm lange unterhalten. Seine Bücher sind, mit einigen Ausnahmen vielleicht, allesamt lesenswert. Es dauert eben jahrelang, bis man zu Israel eine einigermaßen fundierte Position beziehen kann. Außerdem ist vieles wissenschaftlich noch nicht geklärt, wichtiges Material ist unter Verschluß und wird geheim gehalten."

Fortsetzung folgt, demnächst auf 102,3 Megahertz, der Frequenz des „freien, antikommerziellen und linken Regionalradios Dreyeckland".

Post scriptum

Das *Movimiento Mundial Mirabitun*, eine Vorausabteilung der islamischen Revolution in Deutschland, hat in Freiburg auf den Ruinen von Bhagwan Shree Rajneeshs einst stärkstem ‚Ashram' ihr Quartier aufgeschlagen. In der Fußgängerzone vertreibt sie eine Broschüre, in der es heißt: „Das Jahrhundert kann nicht verstanden werden ohne eine offene und kritische Untersuchung der Rolle des Weltjudentums und seiner langfristigen politischen Ziele, von denen einige offenkundig beunruhigend sind. Der unerhört unwissenschaftliche Begriff ‚antisemitisch' muß ohne Angst vor übelster Verleumdung und Vernichtung untersucht werden. Israel ist ein Hauptexporteur von Foltertechnologie... Unser thematisches Interesse an den Juden ist politisch, weil ihre Rolle in der neuen Machtstruktur der oligarchischen Elite, die das Bank- und Börsensystem kontrolliert, nicht zu übersehen ist. Darüber hinaus ist die Ideologie des sog. Zionismus für rationale Menschen, Männer und Frauen, höchst beunruhigend."

Der antisemitische Professor und der antizionistische Agitator
Über die Aufklärbarkeit der Antisemiten

Ein Agitationsversuch

Der Antisemit sagt: „Es ist nicht so wichtig, jemanden überzeugen zu wollen, das ist extrem schwierig, sondern es ist wichtig, den Leuten die Peinlichkeit zu nehmen, über dieses Problem überhaupt zu reden. Und dafür ist die linke Bewegung – ich zähle mich da überhaupt nicht zu – ich bin nicht links, ich bin auch viel zu alt für so was ..."

Der Antizionist: „Es gibt Ältere, die auch noch links sind."

Der Antisemit: „... aber wir können dieses machen, wir können die Hemmnisschwelle abbauen. Das ist es, was ich 20 Jahre versucht habe, es ging fast hundertprozentig daneben, es ist überhaupt nichts passiert, niemand hat mich des Antisemitismus verdächtigt, niemand hat mir etwas Böses nachgesagt, man hat mich totgeschwiegen. Einer allein kann ja nichts machen. Wenn wir hier zu sechst sind und wenn das hier über 101,3 Megaherz geht...

Der Antizionist: „... 102,3!"

Der Antisemit: „... ja, ich bin kein regelmäßiger Hörer von Radio Dreyeckland (RDL) –, und ich weiß nicht, wie viele zuhören, es genügt, wenn es ein paar hundert sind, und wenn nur zwei davon, wenn bei zwei der Groschen fällt oder die Hemmnisschwelle abgebaut wird, dann haben wir was gemacht. Mehr können wir nicht tun, das ist meine Meinung."

Radio Dreyeckland, Sendung vom 27.4.1991

Die Unterhaltungen des RDL-Moderators Christian Möller mit Prof. Dr. Spehl vom Physikalischen Institut der Albert-Ludwigs-Universität Freiburg sowie die RDL-Sendung über „Israel, Palästina und die BRD" vom 27. April, in der der Moderator und sein Adjudant die Bilanz des Skandals, der sie selber sind, ziehen, gibt die Gelegenheit, einige grundlegende

Stereotypen und Tricks des Antisemitismus von links zu studieren und die Technik seiner Agitation genauer zu untersuchen. Die Analyse einiger mündlich wie schriftlich beständig wiederkehrenden und ebenso routiniert wie gedankenlos abgespulten Denkfiguren, die zum geistigen Arsenal der Demagogie gehören, erlaubt es zugleich, einige Unterschiede zwischen dem Antisemitismus der Bürger und dem ihrer Alternativen zu bestimmen, die von wissenschaftlichem Interesse sein könnten.

Im Ergebnis stellt sich die Frage nach den Grenzen der Aufklärung und damit das praktische Problem, ob nicht, wenn das antisemitische Syndrom derart ausgebildet ist, jeder weitere Versuch der Widerlegung, des Gegenarguments und des „Ausdiskutierens" nur den einen Effekt hat, die Agitation als irgendwie und immerhin diskutable Meinung zu behandeln und – noch in der kritischen Abwehr – stillschweigend, durch die bloße Tatsache des endlosen Redens, de facto zu unterstellen, man akzeptiere die Behauptungen des Agitators zumindest und immerhin als einen ihm auf der Suche nach Wahrheit und im Bemühen um Erkenntnis unterlaufenen Irrtum, der im Prinzip – Irren ist menschlich – jedem passieren kann.

Auf gerade diesen Status spekuliert die Agitation. Es ist bekannt, wie energisch Schönhuber, David Irving und der *Bund gegen Anpassung,* wie resolut Faschisten und Stalinisten auf die bürgerliche Meinungsfreiheit pochen, die sie insgeheim zutiefst verabscheuen und als Zeichen weibischer Schwäche und als Impotenz zur männlichen Entscheidung und Tat deuten. Seinen ersten Erfolg kann der Agitator daher dann verbuchen, wenn dem Antisemitismus nicht mit den Mitteln von Aufklärung und von „geistiger Aktion" (Karl Korsch), sondern mit Informationen, sachlichen Richtigstellungen, Nachhilfeunterricht über die Geschichte Israels und der Juden usw. usf. begegnet wird – oder wenn man gar, wie gerade in Ihringen und mit Unterstützung des unvermeidlichen *Arbeitskreises Alternative Kultur* (AAK), seine totenschänderische Neugier mit Auskünften darüber zu beruhigen sucht, daß die Juden, obwohl sie ihre Toten ganz anders unter die Erde bringen, auch nur Menschen sind. Das mag im Einzelfall sogar anschlagen, mag in Therapien oder in der Schule vielleicht geboten sein – aber als in voller Öffentlichkeit angewandte Methode verstärkt sie die Wirkung eines entschiedenen, selbstbewußten und kühl berechnenden Agitators noch. Wo die Würfel längst gefallen sind, sind Diskussionen zwecklos.

Die Reflexion der Formen und Mittel der Bekämpfung des Antisemitismus führt dazu, jene Momente am liberalen und linken Anti-Antisemitismus zu identifizieren, durch die er seinem Gegner, der alles andere ist als sein Feind, ebenso unabsichtlich wie doch konsequent zuarbeitet.

Erster Trick
„Kleinbürgerliche Kritik"

Dem Vorwurf, nichts anderes sei sein „Antizionismus" als ein in revolutionär klingende Phrasen verkleideter Antisemitismus, begegnet der Agitator nicht mit Antworten, sondern immer nur mit Rückfragen. Seine Replik spricht nie direkt und äußert sich niemals unmittelbar zum Wahrheits- oder Unwahrheitsgehalt der verhandelten Sache, sondern fragt, mit leicht denunziativem und angeekeltem Unterton, nach dem „Interesse", das den Kritiker bewege, erkundigt sich danach, warum er ausgerechnet hier und jetzt sich äußert, forscht nach seinen „Fakten" und „Quellen". Mit dieser rhetorischen Figur vernichtet der Agitator den Kritiker als ein, zumindest der Möglichkeit nach, autonomes und vernünftiges Subjekt, das sich seine eigene Meinung gebildet haben könnte; er soll es sein, der unter ‚Beweisführungszwang' steht, den die Panik umtreibt, den Auftrag zu vermasseln.

Diese Methode des penetranten Rückfragens ist aus Vulgärpsychotherapien nach Art der Encountergruppen Carl Rogers als Spiegeltechnik bekannt. Sie taugt dazu, dem Subjekt nach und nach den Verstand zu rauben und seinen Halt an der Realität zu zerstören. Derart wird der Therapeut dem

Über-Ich des Klienten als Stimme des Gewissens implantiert, zugleich das Ich als Instanz von Realitätsprüfung und als Ort der Vermittlung von Bedürfnis und Notwendigkeit liquidiert. Die sanfte Gehirnwäsche der Spiegeltechnik erzeugt eine Befindlichkeit, der ‚nur' die körperlichen Symptome dazu fehlen, mit den Folgen von Isolationshaft verglichen zu werden (Pohrt 1980, 7 ff.; Bakker Schut 1986, 106 ff.). Der Therapeut, der darin dem Verhörtechniker gleicht, vermeidet jede Festlegung und tritt gerade dadurch als Inhaber von Macht und Souveränität auf, als Besitzer geheimer Kräfte und Potenzen.

Der Agitator gebraucht diese rhetorische Figur meisterhaft. Ohne gleich mit Beschimpfungen wie ‚Agent', ‚Drahtzieher' oder ‚Marionette' ins Haus zu fallen, suggeriert er seinem Publikum, aus dem Nörgler und Kritiker spreche gar nicht er selbst, sondern ein anderer, ein Hintermann, der selbst im Dunkel bleibt. Darüber will der Agitator, ganz in der Pose der Verkünders unterdrückter Nachrichten, das Publikum unterrichten und ihm einen Dienst tun. Weiter will er nichts gesagt, schon gar nicht dogmatisch behauptet haben.

Er übt sich im Gestus des ‚Fragen wird man wohl noch dürfen?', der den autoritären Trick als sein gerades Gegenteil erscheinen läßt. So spielt er nicht nur alle Einwände an die Wand, sondern bereitet zugleich sein Feld vor, erobert das Terrain der Anonymität und des Ungefähren, der Vermutung und des Gerüchts. Weil der Agitator sich für gefährlich hält und seine Wahrheit daher für totgeschwiegen[1], darf sein Name nicht genannt werden. In aller Öffentlichkeit, an der Schaltstelle des Mediums, bleibt er privat, läßt seine „Äußerungen" als bloße „Meinung" behandeln, die schutzwürdig sein soll – so wird Schritt für Schritt ein Schleier aufgespannt, der nichts anderes bezweckt als vollkommene Verwirrung: Keiner, der nicht über ein Tonband verfügt, soll noch wissen können, wer wann was wie und zu wem worüber gesagt hat; wer allerdings so unfair ist, seine Verlautbarungen aufzuzeichnen, der setzt sich dem systematischen Verdacht aus, den Agitator abzuhören und seine „Äußerungen", nach Art von Montage, „neu zusammenzusetzen". Ein bißchen Absicht, allerhand Technik – „und schon war das gewollte Ergebnis – Antisemitismus nämlich – hergestellt".

Der Agitator bleibt im Halbdunkel der Pseudo-Anonymität, um das öffentliche Medium als seinen privaten Partei- und Propagandafunk zu benutzen. (Wozu ihn natürlich, aber das ist ein anderes Thema, die unter Alternativen gängigen Verhaltensweisen ebenso ermuntern wie ihn das Konzept des „Hörerradios" geradezu dazu auffordert: „Radio Dreyeckland" als „nicht-kommerzieller Sender" ist eine Art Familienfunk, der abschalten könnte, wenn ‚Idealisten' wie Christian sich nicht freiwillig so viel un- oder schlechtbezahlte Arbeit machen würden.) Jedenfalls ist es immer der Kritiker, der das Gesagte aus dem Zusammenhang reißt, es verdreht, verfälscht, lügt und betrügt; eigentlich ist er es, der den Antisemitismus erfindet. Und wenn er schon nicht aus den Fingern gesogen sein darf, dann muß dem Agitator immer noch die Frage erlaubt sein, „ob nicht auch Israel einer der Verursacher dieses neuen Antisemitismus ist" (Sendung vom 17.3).

Kommt man dem Agitator mit Fakten, um seiner subtilen Unterstellung zu begegnen, die Juden seien selbst schuld, dann sind es prompt die falschen – kommt man ihm mit Vernunft oder gleich mit Ideologiekritik, dann pocht er auf „Tatsachen", die für sich sprechen sollen: So produziert er die Aura des verkannten Rufers in der Wüste, der Kassandra, der es niemand dankt. Als unermüdlicher Kämpfer gegen die „Lüge" und die Vernebelung „auch gutmeinender Köpfe" steht er allein gegen alle – daß er trotzdem weiter macht „und immer wieder Diskussionen" auf sich nimmt, das rechnen sich Spehl und sein linkes Pendant natürlich hoch an: „Wir gehen dabei (gemeint sind 'Klarstellungen', von denen noch genauer die Rede sein muß) allerdings nicht von der Hoffnung aus, daß Polemiker oder hartnäckige Kritiker damit zum Schweigen gebracht werden." Es geht ihnen eben nur um die Wahrheit und um nichts als ihre Wahrheit.

Im nächsten Schritt geht der Agitator in die Offensive.

Anonym, wie er bleibt, beansprucht er, für die Allgemeinheit zu sprechen – das heißt, im ‚Fall Christian', für „die Linke". Er spricht aus dem Off und erscheint, wie sein Kritiker, als Pressesprecher einer höheren Macht, nur eben einer und der guten, die zwar nur, wie der Papst, „ein Leben in Würde" bezweckt, aber doch immer mißverstanden wird. „Die Linke" ist das magische Wort, mit dem das Publikum draußen an den Radios eingelullt wird, die Droge, nach der es zugleich verlangt. Wo der Kritiker „polemisiert", da geht es dem Agitator bloß um die Sache; wo der Polemiker alles zersetzen will, da will der Agitator nur, daß es „keinen reinen Schlagabtausch gibt".

Was „die Linke" ist oder vielmehr sein müßte, das führt der Agitator nicht weiter aus, zumindest nicht öffentlich. Eines jedoch weiß er genau: „... allerdings kleinbürgerliche Kritik, wie von dem Diskutanten eingebracht, da kann ja auch sowieso nicht viel bei herausgekommen." Ausdrücklich ist damit nicht Spehl gemeint, der hochachtungsvoll „Professor" tituliert wird und damit, was er ja auch ist, als Experte: bloß nicht für Physik. Und was die „proletarische Kritik" sein soll, das darf den Hörern eines alternativen Radios lieber nicht allzu genau erklärt werden – aber es geht dem Agitator weder um „kleinbürgerliche" noch um „proletarische" noch um den Begriff der „Kritik" überhaupt, sondern um den Gegensatz zwischen einer „kleinbürgerlichen" und also destruktiven zu einer „gerechtfertigten" und konstruktiven. Es ist dieser Dualismus zwischen zwecklos und nützlich, zwischen dem eitel Niederreißenden und dem organisch Aufbauenden – und damit die fixe Idee, in der der moderne Antisemitismus sich ausspricht –, die den Agitator leidenschaftlich interessiert.

Nur der darf kritisieren, der mitmacht, der auf die „Fehler" der antisemitischen Agitation aufmerksam macht. Manöverkritik ist gefragt, nicht „verantwortungslose Polemik". Dieser Trick des Agitators spekuliert ganz zu recht, wie die Anrufe beweisen, auf den latenten Antisemitismus seiner Hörer. Ihnen wird bedeutet, daß die automatisch und routiniert behauptete Unterscheidung zwischen Zionist und Jude, die der Agitator einstweilen aus taktischen Gründen noch zu treffen wünscht, noch lange nicht alles ist. Das Beste kommt noch, vielleicht schon in der nächsten Sendung. Denn nicht jeder Jude ist ein Zionist, aber ein „Zionist" ist auf jeden Fall einer.

Die Leiden des Agitators unter den „Diffamierungen" der „kleinbürgerlichen Kritik", sein Selbstmitleid und sein ungeheures Interesse, endlich so verstanden zu werden, wie er es eigentlich gemeint hat, kontrastieren frappant zu seiner vollkommenen und absoluten Unfähigkeit, die Ausführungen seiner Kritiker wenigstens in der Form eines distanzierten Referates, sei es als Protokoll oder bloße Nacherzählung, wiederzugeben. Das hat ganz und gar nichts mit einem Mangel an Bildung zu tun – der offensiv zur Schau getragene Habitus dessen, der bei den freischwebenden Besserwissern nicht mitkommt, gehört zum Einmaleins der Agitation von Leuten, die selber lange genug in der Mensa abgespeist wurden. Die bedingungslose Einforderung von Mitleid und die Verweigerung jeglicher therapeutischer Einfühlung in die Kritik haben die genaue strategische Funktion, sich zum Opfer einer kalt lächelnden und herzlosen Welt aufzuwerfen. Wie gerne würde er „sachlich" diskutieren, aber die Kritik, der er eine klitzekleine Berechtigung nicht ganz absprechen will, „erledigt die Fragen aber oftmals auch in sehr polemischer Form".

Man mag gegen diese Analyse einwenden, das gesprochene Wort tauge nicht dazu, wie ein Text untersucht zu werden. Die Untersuchung antizionistischer Flugblätter bringt einen jedoch auf den Gedanken, sie seien bloß die auf Diktaphon aufgenommenen und von Lese- und Rechtschreibgestörten auf delirierenden Personalcomputern der ersten Generation zu Papier gebrachte RDL-Sendungen. Insofern bedeutet die Häufung von Floskeln wie „oftmals", „aber", „auch", „sehr" alles andere als Unaufmerksamkeit oder einen Mangel an Geistesgegenwart. Derlei Sprachmüll, der im Alltag jedem unterläuft, verfolgt, in die Öffentlichkeit gekippt, die genaue Absicht, das widerwillig eingeräumte Zugeständnis, daß Antisemitismus in Deutschland vor Unzeiten ein „Thema" war und daher diskutabel bleibt, durch eine Reihe von Relativierungen auf Null zurückzunehmen. Die Sprache des Agitators ist ein Exempel für die Einheit von Form und Inhalt.

Zweiter Trick:
Das Recht auf Meinungsfreiheit, oder:
„Ein Fußnotenproblem taucht auf"

Der schon physische Ekel vor unsolidarischer Kritik, die sich weigert, die Probleme des Agitators zu ihren eigenen sich zu machen, paßt wie die Faust aufs Auge zu der Tatsache, daß die Hauptverwaltung „die Linke" auch im Nachhinein (und jetzt erst recht), nachdem der Skandal da ist, an den „Meinungen" des Professors, nicht die geringste, weder die allerdings kaum zu erwartende „proletarische" noch auch nur, was wenigstens den Anschein guten Willens erzeugte[2], eine „kleinbürgerliche Kritik" laut wird. Was der Professor denkt, sagt, schreibt und druckt, das ist seine Sache, es gibt eben „verschiedene Meinungen". Viel fehlte nicht, und der Agitator würde Voltaire mit dem Satz zitieren, er werde im Notfall sterben dafür, daß der „Professor" seine Radiovorlesungen halten darf, auch wenn er dessen Meinung im Einzelnen nicht teilt. Als unfair gilt es und als gemein, über Abwesende, die sich nicht wehren können, zu urteilen: „Seine Meinung muß der Kritisierte schon selbst vertreten können."

Die Hörer von RDL dürfen also gespannt sein, wann der „Professor" zur Gegendarstellung geladen wird. So demokratisch ist man unter Antisemiten, daß Leute, die ihre Pamphlete seit Jahren anonym drucken – wie man annehmen darf, nicht aus Angst vor der Polizei, sondern vor ihren ehemaligen Deutschlehrern –, auf einmal Angst vor Rufmord und Verleumdung haben. Der Moderator und sein Adjutant fühlen sich zwar genötigt, ein Stückchen vom „Professor" abzurücken, aber worin denn nun genau der Unterschied liegen soll, bleibt im Ungewissen. Was der „Professor" nun eigentlich gesagt hat – siehe oben –, oder was in „einem Text" steht, „der von diesem früher verfaßt worden ist", gehört heute abend nicht zum Thema und wird es nie sein, solange der Agitator beim alternativen Radio auf Sendung geht.

Den Moderator nervt vielmehr ein „Fußnotenproblem". Es besteht in der peinlichen Kleinigkeit und in der nun leider schwarz auf weiß dokumentierten Tatsache, daß die Freiburger Nahostgruppe 1988 ein Buch des Professors zum Beleg ihrer Lieblingsverleumdung angeführt hatte, der Zionismus sei in Wirklichkeit blanker Nazi-Faschismus und die „Staatsschutzlinke" (der Agitator 1988) sei so korrupt, daß sie sich von der „Zionistenseuche" (der Professor) die „Kollektivschuld"-These habe aufschwatzen lassen. Das Buch, das der uneigennützige Professor auf eigene Kosten drucken lies, heißt *Die Fortzeugung des Behemoth. Erwägungen zu einer integralen Wiedergutmachung.* Er halluziniert darin unter anderem davon, daß in den palästinensischen Flüchtlingslagern „die derzeit eigentlichen Juden hausen: die Juden der Zionisten ..." (Freiburg 1978, 36), daß der Führer damals also nicht im Bunker verreckt ist, sondern nach Tel Aviv emigrierte, zionistischer Staatsbürger wurde und sich heute wahlweise Begin oder Shamir nennt.

Aber worin bestand nun, um zu den Fußnoten zu kommen, das Problem der Nahostgruppe einige Monate nach dem Beginn der Intifada, als sie in Spehls intimen Protokollen nachschlug?

Die Genossen hatten damals ziemliche Angst, der linke Antisemitismus könne mit dem echten verwechselt werden, und sie befürchteten, keiner höre mehr auf die Volksfront, weil die Volksgemeinschaft – Jahre vor dem Golfkrieg – die Nase vorn zu haben schien. „Wir sind uns bewußt", schrieb die Nahost-Gruppe damals, „daß es in der BRD sehr schwierig ist, Antizionist bzw. Antizionistin zu sein, zum einen, weil dieser Begriff heute auch von neonazistischen Gruppen als Synonym für Antisemitismus gebraucht wird, und zum anderen, weil die beiden Begriffe bewußt von der Reaktion vertauscht werden" (Nahostgruppe 1988). Die Debatten, die ein zur gleichen Zeit kursierendes Traktat mit dem Titel *Immer rebellieren. Kampfblatt für den Aufstand* auslöste, stürzten den wissenschaftlichen Antizionismus des Agitators in einige Legitimationsprobleme. Denn da hieß es: „Das zionistische Staatengebilde ‚Israel' muß verschwinden", und da stand weiter „Anti-Zionismus = Anti-Faschismus" – usw., da trat die Einheit des Gesagten mit dem Gemeinten so ungeschminkt hervor, daß kein Platz mehr blieb für das Zweideutige und das durch die Zeilen nur Angedeutete, das der Moderator so liebt. Selbst für Leute, die alles andere als Fans von Ideologiekritik sind, war das Ende der Exegese und damit der Interpretierbarkeit erreicht, die der Moderator als Lebensraum braucht wie der Fisch das Wasser.

In dieser schwierigen Zeit verfaßte die Nahostbezugsgruppe des Agitators einen Notwehrartikel für die *blätter des IZ3W* mit der Überschrift *Zum Kampf des palästinensischen Volkes*, der zwar in Sachen ‚Gebilde' die handelsüblichen Ansichten vertrat, aber eben wissenschaftlich, was für die Kritiker der „kleinbürgerlichen Kritik" nur heißen kann: mit Fußnoten.[3] Und diese These war es, die um jeden Preis wahrgelogen werden mußte:

> Nach dem Aufstand in Palästina gegen die Kolonialisierung (1936) nahmen zionistische Führer mit der SS direkten Kontakt auf. Polkes, Abgesandter der Haganah (Geheimdienst der Zionisten), erschien in Berlin und besprach sich mit Eichmann. Er wollte die Mithilfe der SS bei der Austreibung jüdischer Menschen aus Deutschland gewinnen [!], dafür im Gegenzug Spionage für die Nazis treiben. Eine Information betraf z.B. die KPD, die angeblich – laut Polke – mit einem mobilen Sender von Luxemburg aus illegale Sendungen abstrahlte. Auch diese Information belegt das Klasseninteresse der zionistischen Organisation[*].

Und eben daraus hat sich dann drei Jahre später das „Fußnotenproblem" ergeben:

[*]Vgl. Mario Offenberg, *Überlegungen zu Politik und Geschichte des Antisemitismus in Deutschland*, in: irland-info 17/18, 1983; Klaus Polkehn, *Zionismus im Komplott mit dem Faschismus*, in: *Horizont* 29, 3/1970; Yigal Elam, *Einführung in eine andere zionistische Geschichte*, Tel Aviv 1972; H. Spehl, *Die Fort-*

setzung des Behemoth, Freiburg 1978 (nach *blätter des IZ3W* 150, Juni 1988, S 42 f.).

Es machte den „Antizionisten" schon damals nicht die Bohne aus, daß „diese Information" erstens allgemein bekannt ist (vgl. nur: Nicosia 1989), daß sie zweitens genausowenig vom Nazismus der Zionisten zeugt wie die Zusammenarbeit des Mufti von Jerusalem, des Führers der palästinensischen Nationalbewegung, mit den Nazis den faschistischen Charakter der PLO beweist (Wiesenthal 1946), und es machte ihnen nicht das geringste aus, daß „diese Information" drittens im Falle Spehl keineswegs vom einem „Klasseninteresse" berichtete, sondern von einem völkischen, und daß Spehls Broschüre eine ganz ordinäre Antisemitenliteratur vom Schlage des 1893 von Theodor Fritsch verfaßten Antisemiten-Katechismus darstellt.

Auch wenn man, probehalber, nach dem hier allerdings nicht anwendbaren liberalen Grundsatz in dubio pro reo vorgeht und einmal annimmt, der Agitator und seine Gang hätten Spehls Tiraden überhaupt nicht gelesen, sondern nur zitiert, wird die Angelegenheit keinesfalls besser. Ganz im Gegenteil. Denn offenkundig gibt es unter Antizionisten eine Art informelle Börse, einen unterirdischen Flohmarkt, auf dem man sich, wie die Skinheads über die neuesten KZ-Manager-Videospiele, kritisch-solidarisch auf dem Laufenden hält und die neuesten Geheimtips austauscht. Hier vertraut ein Spezi dem anderen, daß es schon das Rechte sein wird.

Dem Moderator gefällt es gar nicht, daß seine Lieferanten namhaft gemacht werden. Er erklärt die „unbedachte Übernahme der besagten Fußnote", deren Beweisziel natürlich verschwiegen wird, zu einem jener „Fehler", die zu berichtigen die Aufgabe von Manöverkritik wäre. Vielmehr sei es die typisch „kleinbürgerliche Kritik", die sich daran „festmacht, daß dieser Text als vergleichende Quelle in einem Flugblatt der Nahost-Gruppe Freiburg auftaucht". Die „vergleichende Quelle", die niemand niemals mit gar nichts verglichen haben will, die „Information", die etwas berichten soll, was man lieber unter der Decke hält, die „besagte Fußnote", die geschwätzig verschwiegen wird, die Rede von der „unbedachten Übernahme", die schlußendlich dann doch durchblicken läßt, daß Spehls integraler Judenhaß allerdings zur Kenntnis genommen und goutiert wurde, daß man es jetzt aber bereut, erwischt worden zu sein – all das dokumentiert, wenn es eines Beweises noch bedürfte, wie es um die „proletarische Kritik" tatsächlich bestellt ist und was es mit dem wissenschaftlichen Antizionismus in Wirklichkeit auf sich hat. Das Urteil, das der moderne Antisemitismus nach Auschwitz aus taktischen Gründen ungern über die Juden und daher am liebsten über das sogenannte „Israel", die sogenannte „DDR" der tatsächlich antisemitischen „Linken", fällt, steht von vornherein fest. Die „Fußnoten" sind Staffage, Dekoration, sie dienen dem Zweck, der Exegese soviel Platz zu schaffen, daß sich etwaige Einwände im Nebel der Interpretationsmöglichkeiten verlaufen und dann zur Meinung erklärt werden können.

Alles, was dem Agitator und seinem Adjudanten an Notlügen jetzt noch einfallen mag, hat die Absicht zu beweisen, daß die Juden erstens selbst schuld und zweitens bald wieder dran sein werden, genauer: dies durch jahrelange Wiederholung zur Wahrheit umzulügen. Es geht ihnen weder um die „Fakten" und „Quellen" noch um die „proletarische Kritik". Es geht ihnen darum, mit allen zur Verfügung stehenden Mitteln, sei es nun mit Fußnoten oder ohne, ihren kollektiven Wahn zu bewahrheiten. Der „Beweisführungszwang", den der Agitator seinen Kritikern unterstellt, besteht allerdings: er ist sein eigener. Zwanghaft muß er, sollen sich die Balken nur biegen, wie sie wollen – solange sie ihn nur tragen –, davon halluzinieren, daß Israel weiter nichts sei „als ein von den imperialistischen Interessen geschaffener Zionistenstaat".

Dritter Trick:
„Kann sein, daß nicht jeder Jude ein Zionist ist –
aber ein Zionist ist jedenfalls ein Nazi"

Sieht man einmal von der allerdings ganz äußerlichen revolutionären Phraseologie des deutschen Antizionismus ab (Poliakov 1992), dann wird, jenseits des Hin und Her von Argumenten und Notwehrlügen, die Frage interessant, was es denn eigentlich ist, das der Antisemit an der Gleichung „Zionisten = Faschisten" so aufregend und spannend findet, daß er sie am liebsten im „Lotterbett" beobachten möchte, wenn „sie's treiben" (Spehl 1978, 9). Denn es hat ja ganz andere Gründe als eine bloße intellektuelle und also heilbare Regression auf den geistigen Zustand der Linken im Jahr 1914, die die Antizionisten dazu motiviert, das fatale Gleichheitszeichen zu setzen.

Selbst wenn man den linken Antisemitismus als ein Problem von Irrtum und mangelnder Erkenntnis betrachtet, fällt immerhin auf, daß die revolutionäre Phrase in Sachen Vergleichung von Badensern und Palästinensern, von schlechten und von guten Völkern, das endlos wiederkäut, was der Ahnherr des Revisionismus, der gesetzestreue Bolschewik Karl Kautsky, schon 1914 schrieb: „(Es) begegnet sich der Zionismus mit dem Antisemitismus ... darin, daß sein Ziel dahin geht, die gesamte Judenschaft aus den heutigen Staaten zu entfernen. So sehr fühlt sich der Zionismus einig mit dem Antisemitismus, daß es Zionisten gab, die vom Chef der echtrussischen Leute, vom Brennpunkt des Antisemitismus der Welt, vom russischen Zaren, eine gnädige Förderung ihrer Ziele erhofften... Palästina als Weltgetto zur Absonderung der jüdischen Rasse von den anderen Rassen, das ist das Ziel des Zionismus geworden" (Kautsky 1914, 78 u. 82).

Die antisemitische Kritik am Zionismus, die nicht umsonst nie und nimmer, wie es sich eigentlich gehörte, vom Antisemitismus der Nazis, vom israelischen Nationalismus und von den menschlichen Unkosten der Konstitution bürgerlicher Staatlichkeit ex nihilo spricht, kann keinen einzigen Grund dafür beibringen, heute den sozialdemokratischen Standpunkt der Burgfriedenszeit zu beziehen, der, allem „National-Sozialismus"[4] der SPD zum Trotz, eben doch aus der Zeit vor Auschwitz stammt.

Das faszinierte Interesse, das den linken Antisemiten Zionismus und Faschismus in eines setzen läßt, entstammt vielmehr der ebenso schrägen wie wasserdichten Synthese, die das politische Streben nach der Wiedergutmachung der Nation – die vorerst die Basken, Iren und Palästinenser zu leisten haben – mit den sexuellen Projektionen eingeht, die das bürgerliche Subjekt ausbrütet, wenn es in stalinistische Männerbünde gerät und Avantgarde spielt.

Das diskret hinterm Berg gehaltene und vielleicht unbewußte Motiv der linken Antisemiten wird deutlicher, betrachtet man das „Fußnotenproblem" noch einmal genauer. Es ist nämlich nicht allein der „Professor", der unter den „vergleichenden Quellen" von 1988 „auftaucht", sondern überdies ein gewisser Klaus Polkehn, den die Gang des Agitators mit einem Artikel aus der früher offiziösen Zeitschrift des Außenministeriums der DDR, Horizont, zitiert. Das Schrifttum Polkehns gehört zur Pflichtlektüre der Antizionisten, zu den grauen Broschüren, die seit Jahren gelesen werden. Ohne nun weiter auf den Gehalt dieser Traktate einzugehen, soll die Bildsprache zum Thema werden, mit der die antiimperialistische Presse Polkehns Artikel illustriert. Nämlich damit:

Al Karamah 1988, 12

Das Motiv des den Davidstern innig umschlingenden Hakenkreuzes gehört, wie vor Jahren der Zungenkuß zwischen Bundesadler und Nazigeier in der Bewegung gegen die Berufsverbote, zur elementaren und ständig wiederkehrenden Symbolik des Antisemitismus von links. Es schmückt die Titelseiten von Al Karamah, einer Distributionszentrale für stalinistischen Antisemitismus in Marburg, der sich natürlich „Antizionismus" nennt, und die wiederum mit dem völkischen ML-Apostel Karam Khella aus Hamburg zusammenhängt, einem zu antiimperialistischen Geselligkeiten stets geladenen und immer wieder gern gehörten Festredner. Khella, der in Hamburg Professor für Sozialarbeit sein soll, verwirklicht sich mit Broschüren wie Ist Israel ein faschistischer Staat? Ansätze zu einer neuen Faschismustheorie (Khella 1984) und schreibt offene Briefe an die Deutschen, in denen er sie fragt: „Sind die Verbrechen der Zionisten in Dair Yasin, Kafr Quasim, Dawayama, Sabra, Schatilla und ihre täglichen Massaker an Palästinensern bis heute kein Holocaust? Sind Ansar I, II und III keine KZs?" (Khella, 1989, 17).

Die erste uns bekannte Veröffentlichung dieser an SS-Runen erinnernden „Illustrationen" und „Karikaturen" zu Artikeln des Klaus Polkehn findet sich in hektographierten Blättern eines Münchner Palästina-Komitees von 1972. Das Motiv wird immer wieder variiert und geistert in Form von Davidsternen, die Hakenkreuzschatten werfen (Treibsand. Zeitung des ASTA der Universität Bremen, 72/1988) oder eines Begin, der mit Armen und Beinen hakenkreuzmäßig durch die Luft rudert (Al Karamah 3/1986) durch die einschlägige Presse des linken Antisemitismus, die der Moderator liest und gerne weiterempfiehlt.

Das Bild aus Al Karamah läßt die sexuelle Konvokation, die die antisemitische Agitation von links nach Auschwitz auszeichnet, am deutlichsten hervortreten. Das Gleichheitszeichen bedeutet, genau wie bei Spehl, die Begattung der Widersprüche. Hierin bringt sogar die sorgsam gepflegte rebellische Fassade des Antizionismus den psychischen Sinn der

Agitation, die Lust am Blick durchs Schlüsselloch, unverstellt und sinnlich zur Darstellung. Was die Rhetorik des Agitators im Ungefähren halten möchte, das spricht das Bild aus; was der Agitator sagt und was er tatsächlich meint, was sein Publikum hören und was es verstehen möchte, kommen in diesem Bildchen zur Deckung.[5] Was ideologiekritisch schon entziffert wurde, das Programm des Antizionismus, offenbart im Symbol seine psychologische Konstitution: Der absolute Gegensatz soll dem Seelenleben gar nichts gelten, der Widerspruch eigentlich keiner sein. In Wirklichkeit und hinter den Kulissen fallen sich Nazis und Zionisten um den Hals und lachen den deutschen Linksmichel aus. Sie sollen es sein, die Auschwitz verbrochen haben und in Wirklichkeit, siehe den Artikel aus den *Blättern des IZ3W*, mußten die Zionisten die Nazis vielmehr mühsam dazu überreden, die Juden umzubringen, um ihr ‚Gebilde' zu peublieren. Das Bild drückt den infantilen Triumph dessen aus, dem man nichts mehr vormachen kann: die ‚Kollektivschuld' – nichts als ein Trick! Auschwitz – ein geschickter Schachzug der amerikanischen Kulturindustrie! Die Erwachsenen tun es, aber sie verbieten es anderen. Sie fallen sich um den Hals, die Mörder und die Opfer, sie umarmen sich und werden eins, das Inzestverbot wird symbolisch übertreten, sogar das absolute Tabu, die Kopulation des Täters mit der von ihm produzierten Leiche, die Nekrophilie, wird gebrochen und darf ins Bild. Der psychische Wert dieser Halluzination dürfte dem Nutzen nahekommen, den der Antijudaismus aus der Idee des Ritualmordes schöpft (Löwenstein 1967).

Vierter Trick:
„Alle Menschen überall auf der Welt", oder:
„Ich tue es nur für Euch"

In Wirklichkeit ginge es darum, lassen der Agitator und sein Adjudant am 27. April verlauten, „den Begriff der ‚historischen Verantwortung' diesen Lügen und Verdrehungen (der

Kritik, d. V.) zu entreißen und ihn vom Kopf auf die Füße zu stellen. Das Wissen um die aktuellen und vergangenen Verbrechen bedeutet die Verantwortung, für Verhältnisse zu kämpfen, die allen Menschen überall auf der Welt ein Leben in Würde ermöglichen."

Ein Zufall ist es nicht, daß der unter Linken arbeitende Agitator nicht über einen Begriff von Ideologie verfügt, der es ihm erlaubte, das, was ihm ganz und gar nicht paßt, sich und den Seinen anders zu erklären denn als Ausdruck eines bewußt agierenden und abgrundtief bösen Willens. Die „Lügen" und „Verdrehungen" unterstellen eine Gesellschaft, in der irgend jemand von der allgemeinen Verblendung und Manipulation allemal ausgenommen ist; jemanden, der, wie es im Flugblatt von 1988 heißt, das Privileg genießt, „die Begriffe bewußt zu vertauschen", um damit die Linksmichel hinters Licht zu führen. Die Gedanken der Kritiker, wenn sie denn wirklich falsch sein sollten, haben im antisemitischen Weltbild keine gesellschaftliche Notwendigkeit (als Widerspiegelung falscher Vergesellschaftung zum Beispiel), sie sind Attentate des selbstbewußten Bösen auf das bewußtlose Gute. Den Unterschied, den die materialistische Kritik als realer Humanismus zwischen dem Individuum und seiner gesellschaftlichen Funktion anerkennt (und der sogar dem Agitator zusteht), will und kann der Antisemit nicht machen, mag er noch oft sein Märchen von einem „Leben in Würde" erzählen. Das würdevolle Leben, das er meint, verlangt nach dem Pogrom, den die Palästinenser stellvertretend für den Agitator am ‚Gebilde' vollziehen sollen.[6] Das Urteil, das er per Radio Dreyeckland erläßt, braucht Knallchargen wie Saddam Hussein, die es vollstrecken; wenn es sein muß, mit deutschem Giftgas. Denn „Zionismus" ist im Slang des Moderators alles andere als ein Name für israelischen Nationalismus (so gebrauchen ihn vielmehr antizionistische Juden und Israelis), sondern der Inbegriff des „Feinds aller Völker" (Hitler), das heißt das Codewort für den vermeintlichen Antagonisten zur Kategorie ‚Volk' schlechthin. Die so weihnachtlich anmutende Formel von „allen Menschen überall auf der Welt" hat ihren brutalen Gehalt an der totalen Feindbestimmung „Zionist". Als uneigennütziger Sprecher der Menschheit ist der Agitator daher zum Antisemitismus geradezu verpflichtet.

Der Trick des antisemitischen Agitators bezieht seinen subjektiven Elan und seine objektive Durchschlagskraft daraus, daß er auf der Ebene des Bewußtseins nicht als technische Veranstaltung oder instrumentell eingesetzte Methode präsent ist, sondern eine Realität des Innenlebens darstellt. Er braucht kein Handbuch der Rhetorik, um alle Finessen aus dem Effeff zu beherrschen. Er lügt nicht, er muß lügen, und er betrügt nicht absichtlich, um materielle Vorteile aus seiner Propaganda zu ziehen, sondern er muß andere betrügen, um seiner psychischen Verfassung zu genügen, die erst dann befriedigt ist, wenn andere seinen Wahn teilen und ihn als ihre eigene Meinung auf ihn spiegeln. Der Agitator verhält sich zu seinen Tricks nicht wie der Marktschreier, der öffentlich Patentbratpfannen anpreist und nach Feierabend die Spiegeleier ins gußeiserne Erbstück haut. Weil er nicht, wie die verhaßten Politiker, öffentlich Wasser predigt und heimlich Wein trinkt, ist er vollkommen glaubwürdig, total authentisch und besitzt etwas, was die Szene, den neurotischen Charme des Agitators schätzend, nicht umsonst psychologisierend eine „politische Identität" nennt.

Aber sein Zwangscharakter macht den Agitator noch lange nicht zum bemitleidenswerten Opfer oder zum traurigen Spinner. Der Voyeurismus in Sachen „Kopulationen zwischen Nazis und Zionisten" läßt ihn nicht nur nicht leiden, sondern bringt ihm psychischen Extraprofit ein. Das ist der ganz borniertes Nutzen seines unermüdlichen und selbstlosen Engagements. Es ist wie in der Geschichte von dem Mann, der unter Höhenrausch leidet und gerne einmal vom Hochhaus springen möchte, der dann aber, als wagemutiger Kunstflugpilot, sein Selbstmordproblem gesellschaftlich anerkannt „lösen", und das heißt: verschieben kann. Geteilter Wahn ist kein halber Wahn, sondern der Anfang vom ganzheitlichen. Im Kollektiv seiner Genossen heilt und therapiert sich der Agitator selbst, am Mikrophon verkündet er der Welt die frohe Botschaft seiner Existenz und in Diskussionen darüber, ob sein Antizionismus nicht vielleicht und unter bestimmten Umständen doch Antisemitismus sein könnte, blüht er regelrecht auf: Dann ist er in seinem Element, darüber kann er endlos schwadronieren. Solange man mit ihm über Antizionismus sich unterhält, ist sein antisemitisches Weltbild im Lot.

Exkurs:
Über einen kleinen Unterschied
zwischen dem rechtem und dem linkem Antisemitismus
und seine unwesentlichen Folgen

Die sexuelle Projektion läßt den eingangs erwähnten (und wissenschaftlich unter Umständen nicht uninteressanten) Unterschied zwischen dem linken und dem rechten Antisemitismus verständlich werden: Bei den Antizionisten wird sein chauvinistischer Aspekt, wahrscheinlich der Bedeutung der Frauenbewegung in dem alternativen Milieu wegen, in dem er einstweilen überwintern darf, nie zu Papier gebracht und selten ausgesprochen (allerdings sind Ausfälligkeiten des Agitators gegen Homosexuelle bekannt geworden, auch forderte er zu Beginn des Krieges um Kuwait dazu auf, keine imperialistische US-Musik mehr zu spielen). Die Schriften des „Professors" dagegen schöpfen den Bruch des Inzesttabus bis zur Neige aus: „Und was da alles kreucht und fleucht, schlingt und wuchert, buhlt und balzt, sich wichtig macht und duckt, Tacheles redet und nicht mehr Schmonzes, was da mit Angelruten peitscht, das Kapitalverbrechen kapitalisiert, schnorrt und Geld gibt, damit die Moslems Fersengeld zu geben haben – alles wird versorgt vom Ausfluß einer einzigen Kloake: Hitler" (Spehl 1978, 32).

Aber wie dem auch im einzelnen sei – das sollen die Therapeuten und Psychoanalytiker unter sich ausmachen, und hoffentlich lösen sie das Problem, bevor der Agitator den „Professor" im Auftrag von *Radio Dreyeckland* als Reporter nach Israel entsendet. Das „Fußnotenproblem" jedenfalls erklärt sich aus der plötzlichen Schamhaftigkeit, die den Klosterschüler überfällt, wenn das *St.Pauli-Magazin* unter der Bettdecke sichtbar wird.

Die Psychopathologie des Antisemitismus ist, betrachtet man ihn als öffentliches Problem und daher ideologiekritisch, im übrigen nicht weiter interessant (Fenichel 1987, 233 ff.). Wichtiger ist indes ein weiterer am Bild der Fusion von Hakenkreuz und Davidsstern zu beobachtender Unterschied des linken zum rechten Antisemitismus, der sein Verständnis auf den ersten Blick zu erschweren scheint. Beide projizieren den gleichen Gehalt in unterschiedlicher Weise. Der manifeste Nazi benutzt nicht, wie der diskrete, die Symbolik der Identität von Juden und Nazis – er fusioniert vielmehr die Börse und den Kommunismus und phantasiert von der Identität des internationalen Finanzkapitals und der bolschewistischen Weltrevolution.

Leo Löwenthal hat 1946 in seiner Analyse *Falsche Propheten,* die im Umfeld der Studien zur autoritären Persönlichkeit entstanden ist, den psychischen Sinn dieser Fusion der Gegensätze gedeutet: „Der Bankier, der die ‚verbotene Frucht' genießt und den anderen Abstinenz predigt, der in Gold schwimmt, ist Vaterfigur und damit das Objekt ambivalenter Emotionen aus der Ödipusphase. Die unnatürliche ‚Ehe' von Bankier und Kommunist gilt dem Unbewußten als natürlich, das in gewissem Sinne jede Ehe für verboten hält, weil die Mutter dem Vater sexuelle Rechte einräumt, die sie dem Kind verweigert" (Löwenthal 1982, 57; Adorno 1973, 458).

Die Fusion von Nazi und Zionist, die Zwangsvereinigung der außer Rand und Band geratenen Deutschen mit den auf ihren Begriff gebrachten Juden, ist eine Erscheinungsform des Antisemitismus nach Auschwitz, die zwar den gleichen Funktionswert besitzt wie die Verschmelzung von Bankier und Bolschewist, aber doch an einem anderen Problem arbeitet. Während der originäre Antisemitismus als geistiger Vorschein der und als praktische Anweisung auf die im bürgerlichen Sozialverhältnis stets präsente Möglichkeit des Umschlags in

Barbarei zu verstehen ist, organisiert sein linker Schatten jene notwendige Enttäuschung der Massen über die Pseudo-Revolution, die dem barbarischen Umschlag vorausgehen muß, damit die Barbarei als Revolution gegen das Rechts-Links-Schema der Politik und als ultimate Notwehr gegen das Spiegelspiel des Pluralismus auftreten kann. Der Antisemitismus von links hält die Ideen von Nation und Volk in den Zeiten der ‚nationalen Schmach' warm und spricht mit einem Emanzipationsvokabular klingelnd verschlüsselt aus, was die Mehrheit zwar denkt, was aber einstweilen nur Nazis sich ohne antiimperialistische Umstände zu sagen trauen: Daß Auschwitz mit dem durch Hitler auf seinen Begriff gebrachten Deutschtum nicht nur nicht das Geringste zu tun hat, sondern vielmehr den grandiosen letzten Akt der historischen Verschwörung der „Gegenrasse" (Hitler) darstellt. Der Slogan, wahrer Antifaschismus habe als Antizionismus sich zu bewähren, erklärt den Führer im Nachhinein zum besten Lehrling Georgi Dimitroffs.

Der antizionistische Agitator bereitet unter den Linken die falsche Kritik der Bourgeoisie als einer „nur diskutierenden Klasse" (Carl Schmitt) und jene verkehrte Opposition gegen das Kapital als Verschwörung der Schmarotzer und Parasiten vor, die der Faschismus exekutiert. Darum ähneln sich rechte und linke Weltbilder: Ihrer Form nach gleichen sie sich wie feindliche Zwillinge, nur ihr jeweiliger Inhalt unterscheidet sich nach Maßgabe des Zielpublikums. (Dieses Thema, das zu den Problemen einer materialistischen Kritik der Totalitarismustheorie gehört, soll hier nicht weiter entfaltet werden.) Was Leo Löwenthal jedenfalls über das Weltbild des antisemitischen Agitators von rechts herausfand, das gilt, tauscht man nur die verbalen Spielmarken aus, auch für den antizionistischen: „Wenn der Agitator den Kapitalismus angreift, so hat er es nicht auf einen gesellschaftliche Institution, sondern auf eine Gruppe ‚verbrecherischer Individuen' abgesehen" (Adorno 1973, 58). Das ist die Denkform, die ihrer objektiven Struktur wie ihres latenten Gehaltes wegen als fundamental antisemitisch und strukturell rassistisch zu denunzieren ist. Kein

Zufall ist es daher, daß die, nach den Ergebnissen von Pohrts Untersuchung über die Verbreitung und die Formen der deutsche Ideologie, populärsten, von Linken und Rechten gleichermaßen gepflegten Meinungen unter Deutschen – die Stereotypen „Der Drahtzieher hinter den Kulissen" und das „Kritikverbot als Toleranzedikt" (Pohrt 1990, 239 f. u. 253 f.) – zum Standardrepertoire der antizionistischen Gegenaufklärung gehören.

Endstation für Aufklärung

Die Diagnose, die schon der ideologiekritisch erhobene Befund ergab, wird durch die sozialpsychologische Analyse noch erhärtet: Weil in der Person des Agitators ideologische Verblendung und psychischer Zwang ununterscheidbar verwoben sind, weil der Agitator die abstrakte Möglichkeit von Subjektivität in sich schon konkret vernichtet hat, darum muß jede Aufklärung scheitern, die sich über sich und ihren Widerpart täuscht, und die sich, wahlweise, als Veranstaltung zur Behebung von Informationsdefiziten oder als Anweisung zur Laienanalyse mißversteht. Der Agitator befindet sich immer auf der anderen Seite des jeweils gegen ihn vorgebrachten Arguments.

> Antisemitischen Äußerungen ist sehr energisch entgegenzutreten. Sie müssen sehen, daß der, welcher sich gegen sie stellt, keine Angst hat. Man imponiert einem bissigen Hund, sobald er merkt, daß man sich nicht vor ihm fürchtet... Begegnet man expliziten und fixierten Vorurteilen, so ist auf eine Art Schocktherapie zu vertrauen. Man muß die allerschroffsten Gegenpositionen beziehen. Schock und moralische Kraft gehen dabei zusammen. Schlecht ist das Zurückweichen. Gerade wer dem autoritätsgebundenen Charakter fernsteht, wird nicht auf der Vollstreckung von Strafen und ähnlichem insistieren. Aber Humanität wird meist als Zeichen von Schwäche oder schlechtem Gewissen interpretiert und fordert den Mechanismus von Erpressung heraus. Man muß im Verhalten wie in der Argumentation darauf achten. daß man nicht das Stereotyp der Schwäche auslöst, das den Vorurteilsvollen zur Hand ist gegen die, welche anderen Sinnes sind als sie selber.

Und weiter heißt es bei Adorno:
> Immer noch gilt das Wort des alten Helvetius, daß die Wahrheit noch niemandem geschadet hat, außer dem, der sie ausspricht" (Adorno 1986, 379 ff.)

Sich davon nicht kirre machen zu lassen, darin besteht der Geist militanter Aufklärung.

Anmerkungen

1 Der Minderheitentrick gehört zum unverzichtbaren Arsenal der Agitation. Obwohl seine Meinung allgemein geteilt und überall diskutiert wird, fühlt er sich übersehen und diskriminiert. Spehl, der als Professor nicht nur das Recht auf freie Meinungsäußerung hat, sondern auch die Möglichkeit, es auf eigene Kosten als sein eigener Privatverleger zu praktizieren, fühlt sich verkannt und empfindet sich als kleine radikale Minderheit, obwohl zum Beispiel ein Jörg von Uthmann, der frühere BRD-Botschafter bei der UNO, 1976 sein Buch *Doppelgänger, du bleicher Geselle. Zur Pathologie des deutsch-jüdischen Verhältnisses* ganz gefahrlos im rechtsradikalen Seewald-Verlag veröffentlicht hat (*Spiegel* vom 19.7.1976). Der Gestus der verfolgten Minderheit gehört zum Verhaltensrepertoire des „konformistischen Rebellen" (Erich Fromm), der nichts gegen Autorität hat, sondern nur eine andere und echte haben will. – Bei den Antizionisten, die sich von „Lügen" und „Verdrehungen" regelrecht verfolgt wähnen, kommt noch ihre Tändelei mit dem bewaffneten Kampf, und das macht das Syndrom auswegslos. Der Antisemitismus der Minderheit ist nicht nur verfolgt, sondern schon konspirativ – eine optimale Immunisierungsstrategie, die den Kritiker nicht nur als „abgehobenen Intellektuellen", sondern überdies als „Staatsschutzagenten" betrachten läßt (Brückner/Sichtermann 1979; Pohrt, 1986).

2 Den Moderator darauf aufmerksam zu machen, daß ihm ein taktischer Schnitzer unterlaufen ist, das wäre die solidarische Manöverkritik, die hier jedoch – und keineswegs aus Platzgründen – nicht geleistet werden kann. Man wird noch erleben dürfen, daß

weichherzige Alternative den faux pas des Agitators an seiner Stelle bedauern.

3 Die Freiburger Debatten von 1988 sind dokumentiert in *blätter des IZ3W* vom Juni 1988, in der Broschüre *Deutsche Linke zwischen Israel und Palästina,* Hg. von der Redaktion *Arbeiterkampf,* Hamburg 1988, sowie in: Initiative Sozialistisches Forum 1990

4 Der Terminus stammt, in kritischer Wendung, von Karl Kautsky (Huhn 2002)

5 Der Gebrauch psychologischer Begriffe im politischen Kampf ist seit Jürgen Habermas' Anwürfen gegen die antiautoritäre Bewegung heftig umstritten (Dörner 1968, 59 ff.). Wir gebrauchen diese Begriffe nicht zur Laienanalyse eines konkreten Individuums, sondern als sozialpsychologische Kategorien, und wir beziehen sie daher nicht auf die Person des Agitators, über die nur auf der Couch ‚geurteilt' werden könnte, sondern behandeln ihn als Sozialphänomen und das von ihm beigebrachte Material nur als pars pro toto einer übergreifenden Haltung (Zum hier zugrundegelegten Verständnis des Verhältnisses von Individual- und Sozialpsychologie vgl. Castoriadis 1981, 59 ff.).

6 Es versteht sich von selbst, daß „die Palästinenser" ganz andere Sorgen haben als die, die Wahnvorstellungen ihrer antizionistischen Sympathisanten zu realisieren. Ihre politischen Sprecher betrachten Individuen wie den Moderator und seine Gang als nützliche Idioten. Abu Ijad, der kürzlich ermordete ‚Innenminister' der PLO, hat erklärt: „Die Israelis haben ihre Likuds, und wir haben unsere ‚Likuds'. Nein-Sager gibt es auf beiden Seiten. Die arabischen Likuds haben nichts als Unheil über die Palästinenser gebracht" (*Spiegel* vom 29.8.1988). Das heißt, in die Sprache des Antizionismus übersetzt, nichts anderes als: Das Volk, zu dessen Sender der Moderator sich ernannt hat, schimpft ihn einen ‚Zionisten' und daher Faschisten. Und das ist insofern ganz in Ordnung, als es dem Agitator keineswegs um das besondere ‚palästinensische', sondern um ‚das Volk' ganz im Allgemeinen und an sich geht.

Anhang 2

Der Antizionismus
als Alltagsreligion der Linken

Zwei Aufklärungsversuche

Andreas Kühne / Andrea Woeldike

Der Skandal als Institution
Antisemitismus im „Freien Senderkombinat"

Ein ‚Antisemitismusstreit' ist im Freien Radio eine in unregelmäßigen, aber kurzen Abständen wiederkehrende Veranstaltung, die in erster Linie darin besteht, die ansonsten vorherrschende allgemeine Langeweile durch einen handfesten Skandal zu unterbrechen und den vorwiegend belanglosen Mix der diskutierten und gesendeten Inhalte mit einem Thema anzureichern, von dem alle auf die eine oder andere Weise wissen, daß es über den eigenen Tellerrand hinausreicht. Beim Hamburger *Freien Senderkombinat* (FSK) zeichnet sich dabei die Tendenz ab, daß diejenigen, denen antisemitische Äußerungen vorgeworfen werden, dies in immer aggressiverer Weise zum bloßen Vorwand für eine politische Säuberung des Radios von linksradikalen Positionen erklären, während die andere Seite ihre erklärte Absicht, den Streit auf eine ‚inhaltliche Auseinandersetzung über Antisemitismus' zu bringen, zunehmend selbst unterläuft, indem sie jede noch so an den Haaren herbeigezogene Stellvertreterdebatte als aufzuklärendes Mißverständnis behandelt – in der sowohl theoretisch als auch durch jahrelange eigene Erfahrung immer wieder als falsch erwiesenen, aber längst als Dogma behandelten Annahme, so den ‚Konflikt deeskalieren' und das (auf diese Weise von jedwedem wenigstens potentiell emanzipatorischen Inhalt befreite) ‚Projekt' retten zu können.

1. Ein Kapitalist ist ein Kapitalist.
Und wer's nicht glaubt, muß wohl nicht arbeiten

Der erste größere ‚Antisemitismusstreit' entzündete sich im Spätsommer 1999 an einem Nachruf auf Ignatz Bubis in einer Sendung der *Freunde der guten Zeit* (FdgZ), einer sich politisch dem sozialrevolutionären Spektrum um das *Wildcat*-Zirkular zurechnenden Gruppe.[1] Ein den Beitrag sehr moderat kritisierender Offener Brief eines Redaktionskollegen wurde mit einem wüsten Ausfall beantwortet, der kräftig Antisemitismus nachlegte und konstatierte, wer so etwas schreibe, lebe wohl vom Geld anderer Leute. Daraufhin veranstalteten einige FSKler eine Gegensendung auf dem FdgZ-Programmplatz, die den Sachverhalt schilderte, den Text im Zusammenhang analysierte und die Forderung nach Absetzung der FdgZ-Sendungen erhob.

Bemerkenswert an dem Beitrag ist die enge Verknüpfung des sich klassenkämpferisch gebärdenden konkretistischen und vulgärmaterialistischen Antikapitalismus mit der spezifisch deutschen Ausprägung des Antisemitismus nach Auschwitz: der jüdische Kapitalist kann als Spekulant nach Herzenslust wüten, weil er von den mangels Klassenbewußtsein mit dem bürgerlich-ideologischen Judenkomplex behafteten Linken mit Samthandschuhen angefaßt wird, anstatt, wie andere Kapitalisten, als Klassenfeind behandelt zu werden. Folgerichtig versuchten die FdgZ dann auch, den Spieß umzudrehen: Der inkriminierte Antisemitismus entspringe nicht ihrem Beitrag, sondern dem ideologischen Weltbild der „Ankläger"; die seien es schließlich, die Bubis' Judentum so furchtbar wichtig nähmen, während sie selbst, die unsinnigerweise als Judenfeinde beschuldigten, sich für Religion gar nicht interessierten. Diese Sorte ‚Materialismus' ließ sie denn auch als wahren Zweck der Entschädigungszahlungen für NS-Zwangsarbeiter erkennen, die Kapitalisten an der Spitze des Jüdischen Weltkongresses zu bereichern und den deutschen Bossen eine weiße Weste zu kaufen.

Die in der Auseinandersetzung zahlreich auftretenden Verteidiger der FdgZ bemühten sich erfolgreich, die Kritiksendung anstelle von deren Gegenstand zum Skandal zu machen und dabei das von den ‚Freunden' vorgegebene Niveau zu unterbieten. Feministinnen rieten, den Fall nicht so ernst zu nehmen, weil die Kritik hauptsächlich von Männern komme, die, ginge es um Sexismus statt Antisemitismus, „sich bestimmt nicht so aufregen würden"; eine sich libertär nennende Gruppe forderte die „Wiederherstellung der Ehre" der „als Nazis Stigmatisierten" per Beschluß der „Anbieterinnengemeinschaft im FSK e.V."; mehrfach wurde zu bedenken gegeben, das mit dem Antisemitismus könne gar nicht sein, weil es sich ja um Linke handle, von denen einer zudem eine jüdische Großmutter habe. Der Streit zog sich mehrere Monate hin und endete vorläufig mit der Streichung der Sendung durch die zuständige Redaktion.

Die Position der FdgZ ist vielleicht paradigmatisch für das nach Auschwitz sich verschärfende Problem des ‚verkürzten Antikapitalismus': das antisemitische Ressentiment der Klassenkämpfer scheint in erster Linie daraus zu erwachsen, daß die Juden sie durch ihre bloße Existenz mit der Unzulänglichkeit ihrer Aufteilung der Welt in Ausbeuter und Ausgebeutete konfrontieren. Der antizionistische Bezug auf Israel am Ende des Beitrags ist daher unvermeidlich[2], sein einigermaßen zusammenhangloses Auftauchen in einem hinten angeklatschten Nebensatz spricht aber für sich – den Klassenkampf ersetzt hat der Antizionismus hier noch nicht.

2. Israel ist ein amerikanischer Militärstützpunkt.
Und wer's nicht glaubt, ist ein Feind der Demokratie

Ein gutes Jahr später, einige Wochen nach Beginn der „Al-Aqsa-Intifada", veranstaltete das *Info Knast und Justiz* eine zweistündige Sondersendung, an der auch ein „Vertreter von der palästinensischen Gemeinde in Hamburg" als Studiogast teilnahm. Dieser tat sich unter anderem mit Äußerungen über den von Israel an den Palästinensern verübten „Holocaust" und mit abenteuerlicher Rechenakrobatik über die immense Höhe der angeblich heute noch von der BRD an Israel geleisteten Wiedergutmachungszahlungen hervor – vom (deutschen) Moderator ergänzt um den Hinweis, diese Zahlungen seien ja schon 1948 von Alt-Nazis wie Globke in die Wege geleitet worden.[3] Die Anbieterinnengemeinschaft beschloß daraufhin ein Sendeverbot für die beiden verantwortlichen Redakteure, was deren Radiogruppe *Forum-Radio* mit einer Kampagne gegen „Zensur bei FSK" und mehreren „Protestsendungen" unter Beteiligung ihrer mit Sendeverbot belegten Mitglieder beantwortete.

Einige bereits im FdgZ-Streit sich abzeichnende Muster tauchten nun in stärkerer Ausprägung wieder auf. Dies betrifft vor allem die Strategie des Gegenangriffs, den Antisemitismusvorwurf zum beliebig einsetzbaren „Totschlagargument" einer mit den Herrschenden paktierenden „Machtclique", die ihre Abstimmungsmehrheit zur Säuberung und letztlich Zerstörung des „linken Projekts" mißbraucht, zu erklären. Die nähere Betrachtung läßt aber wesentliche Unterschiede erkennen. Aus den Beiträgen der FdgZ spricht stets das Gefühl, mißverstanden worden zu sein – wie böswillig auch immer. Folglich legen sie in ihrer Verteidigung dar, ihr Beitrag sei, weil gegen Staat und Kapital gerichtet, notwendig das Gegenteil von antisemitisch und könne also nur unter Voraussetzung sachfremder böser Absicht so wie in der Gegensendung interpretiert werden. Diese Voraussetzung macht Forum-Radio auch, sie spielt aber von vornherein eine andere Rolle: hier ist der Antisemitismusvorwurf *an sich* ein Instrument gegen die Interessen der Unterdrückten. Entsprechend sind die Kritiker nicht einfach auf den eigenen Distinktionsgewinn bedachte, karrieristische Intriganten (wie in den Papieren der FdgZ), sondern Agenten „der Antideutschen", die nicht nur *Forum-Radio* und die „Solidaritätsbewegung", sondern im Verein mit *Konkret*, *Bahamas* und *Jungle World* die deutsche Linke insgesamt zugrunderichten wollen. Dies ist ausdrücklich Hauptthese und Stoßrichtung der fraglichen Sendung, dem Sendeverbot also zeitlich und logisch vorgängig.

Sinn und Zweck des linksdeutschen ‚Internationalismus', dem eigenen identitären Bedürfnis durch dessen Reimport in Gestalt einer zionistisch-imperialistisch bedrohten Identität unterdrückter Völker einen sakrosankten Status zu verschaffen, treten also insbesondere dann zutage, wenn der palästinensische Studiogast ausführlich sein Unverständnis über die „Verklemmtheit" der deutschen Linken äußern darf, die „ihr Problem mit der deutschen Vergangenheit auf dem Rücken der Palästinenser lösen" wolle; ebenso aber, wenn er seine Begeisterung über den wachsenden Einfluß der „Linken" im „palästinensischen Volk" kundtut, die ja, „auf Basis der Analyse der Natur des Staates Israel", immer schon gesagt habe, das Oslo-Abkommen sei „nicht ein Frieden zwischen Menschen, sondern das ist ein Frieden des Kapitals – und das wird jetzt bewiesen". Bei der Vorstellung, daß selbst Arafat, der doch „die ganze Zeit versucht (habe), die Palästinenser ruhig zu halten nach dem Wunsch der Israelis", unter diesen Umständen „wahrscheinlich auch wenig anderes übrig (bleibe) als jetzt diesen Aufstand, diesen berechtigten, zu unterstützen", laufen alle zur gemeinsamen Hochform auf. Denn „daß ein großer Volksaufstand entsteht in allen arabischen Ländern, der letzten Endes die Konsequenz hätte, daß dort auch die reaktionären Regimes", diese „Marionetten von Amerika, ... gebildet und gebaut und unterstützt, damit sie die Interessen von Amerika und von dem Westen schützen gegen die Interessen des eigenen Volkes", „weggespült werden könnten durch die arabischen Volksmassen ...– das ist die Angst, die der Imperialismus hat".

Zu einer Kritik des kapitalistischen Weltsystems verhält sich dieses größenwahnsinnige Phantasma vom Sieg des sich selbst Zweck gewordenen Aufstands ungefähr so wie die „Schwatzbuden"-Agitation der NSDAP zur Kritik des Parlamentarismus: Das „auf seine eigene Kraft vertrauende Volk" steht für die unverfälschte, reine Wahrheit des aufständischen Willens zur Freiheit, der längst nichts anderes mehr ist als der unbedingte Wille zum grenzen- und sinnlosen Morden. Seit mit dem Ende der Sowjetunion die letzte (sei es auch noch so falsche) Begründung eines potentiell emanzipatorischen Gehalts nationaler Befreiung und damit der ohnehin recht durchsichtige Schleier vor der völkischen Ideologie des Anti-

165

imperialismus abhanden gekommen ist, ist dessen Funktion als Stichwortgeber des militanten Deutschtums völlig offensichtlich. Unsere Agitatoren haben denn auch unüberwindbare Schwierigkeiten, den grundsätzlichen Unterschied zwischen ihrer eigenen Beschwörung irgendwelcher „Menschenrechte" und der annähernd gleichlautenden Legitimierung des Überfalls ihrer Regierung auf Jugoslawien deutlich zu machen.

In der von *Forum-Radio* organisierten Gegenkampagne wird dann die Identität des ‚antiimperialistischen Widerstandes' mit den schwerstbetroffenen grün-alternativen Gutmenschen vollends anschaulich. Da ihre Gemeinsamkeit darin besteht, sich als Opfer der Repression zu imaginieren, gleichzeitig aber die Regierung zur Personifizierung als Täter gerade nicht taugt, muß der tatsächliche Gegner mit den Insignien der Macht ausgestattet werden. Die ohnehin im Freien Radio vorherrschende narzißtisch-autoritäre Grundhaltung gegenüber jeder Art von Entscheidungsfähigkeit, die darin zum Ausdruck kommt, nicht etwa die Unzulänglichkeiten der Selbstverwaltungsstrukturen auf mangelnde Verbindlichkeit zurückzuführen, also als Ausdruck der eigenen Unfähigkeit zu emanzipatorischer Organisierung zu begreifen, sondern Beschlüsse des Delegiertenplenums, die einem nicht passen, grundsätzlich als Schikanen eines fremdbestimmten Apparats gegen unbequeme Querdenker aufzufassen, steigert sich so bei *Forum-Radio* zur praktischen Phantasie der „Machtclique" als Staatsersatz: Eine redaktionelle Entscheidung gegen eine Sendung ist dann gegebenenfalls Zensur, und wenn die Vertreter der vom Vorstand unterdrückten Massen in der Vereinssitzung überstimmt werden, ist das mindestens un- oder gar „antidemokratisch", also ein Verbrechen gegen die Menschlichkeit.[4]

Die bei FSK vorherrschende Ansicht, die fragliche Sendung sei zwar schon irgendwie zu kritisieren, das Sendeverbot aber doch irgendwie bürokratisch und unsolidarisch, führte zwar nicht zu dessen Aufhebung, verhinderte aber jegliche Konsequenz. Der Skandal zog sich erneut über Monate hin und endete eigentlich nie, sein Ergebnis konnte folgerichtig nur in einer dritten Episode bestehen.

3. Djenin ist das Warschauer Ghetto von heute. Und wer's nicht glaubt, ist ein Rassist

Nach mehreren kurzen Zwischenspielen, die es alle nicht recht schafften, die mittlerweile ziemlich hoch liegende Skandalschwelle zu überschreiten, sendete eine zu *Forum-Radio* gehörende Gruppe namens „Afrika, Asien, Lateinamerika in Kontakt" als Mobilisierungsprogramm für die dann zu trauriger Berühmtheit gelangte große Berliner Demo zum palästinensischen „Tag des Bodens" im April 2002 ein halbstündiges Interview mit einem in Deutschland lebenden Palästinenser, der zwar aus den Autonomiegebieten nur zu berichten wußte, was in deutschen Zeitungen stand, aber kundtat, daß er verstanden hatte, warum er interviewt wurde, indem er sagte, was der interviewende deutsche Antiimp als unterdrückte Wahrheit ‚rüberbringen' wollte, ohne es selbst zu sagen: Die deutschen Juden sollten sich für das Vorgehen des israelischen Militärs entschuldigen, und es gebe (während der laufenden israelischen Operation „Schutzschild") „keinen Unterschied zwischen den Kämpfen im Warschauer Ghetto damals gegen die Nazis und den Kämpfen in Djenin oder in irgendeinem anderen Flüchtlingslager in der Gegend." Wie gehabt bestärkende Bemerkungen und zufriedenes Zurücklehnen des Moderators.

Der Vergleich mit der vorausgegangenen Auflage läßt zuerst die Parallelen ins Auge springen: dieselbe Israel-NS-Gleichsetzung, dieselbe Funktionalisierung des willfährigen Palästinensers, derselbe Versuch, konformistische Propaganda als Widerstand auszugeben; dann auch dieselbe Denunziation des anschließenden Sendeverbots[5] als Repression staatstreuer Mehrheitsusurpatoren und die Selbstinszenierung der verfolgenden Unschuld als Opfer von Zensur. Der Unterschied scheint zunächst nur in der höheren Eskalationsstufe zu liegen: „In Kontakt" übertrat das Sendeverbot sofort, in Begleitung der bei FSK bereits einschlägig bekannten *Junge-Welt*-Journalistin Birgit Gärtner und stadtbekannter Schläger, welche dann beim zweiten Mal gegen einige die Studiotreppe blockierende FSK-Unterstützer auch tatkräftig zulangten, einen Stuhl auf Sitzende warfen sowie einen Hinzukommenden auf eine Weise, die durchaus einige Professionalität erkennen ließ, in die Zange nahmen und zusammenschlugen.

Die völlige Unfähigkeit der FSK-Mehrheit, auf diesen Angriff auch nur halbwegs angemessen zu reagieren, ergibt sich unter anderem aus ihrem in jeder Hinsicht desolaten Zustand aufgrund des seit mittlerweile eineinhalb Jahren ungelösten Konflikts. Dies ist im Zusammenhang zu sehen mit der einzigen inhaltlich neuen Komponente der Gegenstrategie, die darin besteht, das Sendeverbot als „rassistisch" zu attackieren – mit dem Erfolg, daß die Verantwortlichen, anstatt klarzustellen, was von einem ‚Antirassismus' zu halten ist, der ohne jegliche Begründung in der Sache das Einschreiten gegen den Antisemitismus eines deutschen Linken als „Angriff auf den Flüchtlings- und MigrantInnenwiderstand und als Unterstützung der rassistischen Haltung des deutschen Staates" attackiert, erst einmal beteuerten, man begrüße selbstverständlich „antirassistische Sendungen", nur dürften eben nicht „vorgeblich antirassistische Aussagen dazu benutzt werden, den Holocaust zu relativieren und Haß gegen Jüdinnen und Juden zu rechtfertigen".[6] Seine evident demagogische Verwendung ignorierend wird hier den Angreifern ein an und für sich ganz richtiger Antirassismus unterstellt, der von dem irrtümlich hinzugekommenen Antisemitismus befreit werden müsse.

Aus diesem Versuch, das politische Handeln der anderen als einem Irrtum über der gemeinsamen Sache geschuldet zu interpretieren, spricht das interessierte Mißverständnis des eigenen Antirassismus, der auf derselben Grundlage beruht: Anstatt der repressiven Gewalt des als nationaler Souverän organisierten bürgerlichen Gleichheitsprinzips die Besonderheit des je Einzelnen als Bedingung der Möglichkeit der Veränderung entgegenzustellen, wird die Verwirklichung des universalen Menschenrechts eingefordert, ohne zu begreifen, daß dessen praktisch-politische Entsprechung eben die Reduktion des Menschen auf den kapitalproduktiven Nationalstaatsbürger ist. Dabei übersehen die einen geflissentlich, daß das Verschwinden der Freien und Gleichen im scheinbar gemeinschaftlich Konkreten wie Sprache, Brauchtum oder Abstammung in der Menschenrechtsideologie selbst angelegt ist, während die anderen gerade solche Ontologisierungen zur unterdrückten Wesensgemeinschaft radikalisieren. Mit seiner Proklamation der Gleichwertigkeit dieser Zwangskollektive macht der linke Antirassismus aus der permanenten Drohung der Volksherrschaft über das Elend ihrer Wirklichkeit hinaus ein Versprechen, dessen Einlösung die Beherrschten von den Herrschenden zu erkämpfen hätten. Als Feinde in diesem Kampf werden folglich wo nicht das jüdische ‚Antivolk', so doch der US-Imperialismus, das Finanzkapital oder sonstige volksfremden Elemente, und als sein Subjekt wo nicht die Rasse, so doch Gemeinschaft, Ethnie und das um seine Souveränität betrogene Volk eingesetzt, wenn auch die einen bisher den hilflosen Versuch unternehmen, genau dies zu vermeiden. Die von „In Kontakt" propagierte, auf der UN-Antirassismus-Konferenz in Durban 2001 als global manifestierte Ideologie von der Aufteilung der Welt in unterdrückte Antirassisten und herrschende Zionisten, zu denen bei Bedarf jeder gerechnet wird, der praktisch gegen Antisemitismus vorgeht, war jedenfalls so auch bei FSK durchgesetzt.

Entsprechend bestanden die folgenden Stellungnahmen der Angegriffenen vorwiegend aus strukturell von vornherein hilflosen Versuchen, sich doch noch irgendwie als richtige Linke zu profilieren, die gar nicht wirklich, wie von den Angreifern behauptet, vom Verfassungsschutz oder dem Mossad bezahlte Rassisten seien, sondern bloß für saubere Methoden im gemeinsamen Kampf einträten.

‚Die Guten' in diesem absurden Szene-Western kommen

aber auch deshalb nicht aus der Defensive heraus, weil sie es gar nicht wollen. Wie sich bereits in einem vorausgegangenen Streit über zwei gegen den palästinensischen Terror und die deutsche Palästina-Solidaritätsbewegung gerichtete Plakate gezeigt hatte[7], unterscheidet sich ihr eigener Antizionismus von dem *des Forum-Radios* nur graduell und eher in Stil und Methode als im Inhalt[8] – wichtig ist ihnen, auf welche Weise Israel kritisiert werden darf, nicht, wofür es von wem kritisiert wird und warum. Das gelegentliche Einschreiten gegen die wiederholte Nutzung des eigenen ‚Projekts‘ als antisemitische Propagandaplattform bleibt also eine unverbindliche Übung in Diskurspolitik, die zur praktischen Kritik des Antisemitismus nicht fortschreiten will aus lauter Angst, zu nahe beim Staat Israel als dem staatliche Gewalt gewordenen Resultat der Marxschen Erkenntnis, daß „die Waffe der Kritik die Kritik der Waffen nicht ersetzen kann"[9], anzukommen.

Die von FSK aufgestellte Forderung, die Schläger gehörten in der ‚Szene‘ „politisch isoliert", wird folglich gegenüber ihren Unterstützern im eigenen Laden am allerwenigsten umgesetzt – immerhin erfüllen die ja für die Mehrheit den nicht unwesentlichen Zweck, immer auf jemanden verweisen zu können, der weniger von den herrschenden Verhältnissen begriffen hat und weiter von ihrer Kritik entfernt ist als man selbst. Daß im Dauerstreit mit *Forum-Radio* und seiner Allianz der vom Vereinsvorstand Erniedrigten und Entrechteten die die Mehrheit bildenden Radiogruppen ihre politische Position mittlerweile ausschließlich als schlecht allgemeines Interesse des ‚Gesamtprojekts‘ formulieren, enthebt zwar die Akteure der Mühe, dieses mit Inhalt füllen, womöglich Konsequenzen aus den eigenen Erkenntnissen ziehen, zunehmend auch, überhaupt welche haben zu müssen; es rächt sich aber darin, daß der Hohlraum dann eben von anderen befüllt wird. Wenn *In Kontakt* eine „emanzipatorische Bewegung, die die Wahrung und Rückeroberung menschlicher Werte wie Gerechtigkeit und Solidarität in den Mittelpunkt stellt", proklamiert, so ist diese mustergültige Formulierung des deutschen Standpunkts nicht mehr als der Schleim, der aus jedem Sitzungsraum einer sozialdemokratischen Grundwertekommission unter der Tür hervorquillt, zu kritisieren, sondern nur noch als die Aufforderung zum Dazugehören, die sie ja auch ist. Die Unfähigkeit zum Widerspruch beginnt mit dem Willen zum ‚linken Projekt'.

Anmerkungen

[1] Der Text wird hier der Einfachheit halber vollständig wiedergegeben: „Und zum Schluß aus aktuellem Anlaß zum Tode von Ignatz Bubis: Wieder wird aus Ermangelung von Klassenbewußtsein um der Leere des heutigen linken Daseins aus einem liberalen Kapitalisten, Ausbeuter, Spekulanten ein Antirassist. Warum? Weil er ein Jude war? Als ob das ein Persilschein sei! Jahrzehntelang gehörte Bubis zu dem kapitalistischen Vorstand der jüdischen Gemeinde Frankfurts. Er hatte so viel mit den jüdischen Proletariern zu tun wie Axel Springer mit den Zeitungsverkäufern. Es gab in der letzten Zeit einen Richtungsstreit innerhalb der Leitung der jüdischen Gemeinde Deutschlands, dem Zentralrat. Die einen, die aus der SU auswandernde Juden, die in die BRD aus/einwandern wollten, hier nicht haben wollten, sie direkt nach Israel weiterschicken wollten. Und die anderen, die es diesen zubilligten, ihre Entscheidung selbst zu treffen. Bubis gehörte zu dem liberalen Flügel, nicht wie Galinski, der sie in Israel sehen wollte – Israel, das trotz großer Opposition im eigenen Land bis heute die Palästinenser terrorisiert."

[2] Das Fortschreiten der FdgZ von Bubis über die Frankfurter jüdische Gemeinde und den Zentralrat bis Israel wirkt geradezu zwanghaft. Es fehlt nur der Jüdische Weltkongreß – und der wurde prompt in der Antwort auf den Offenen Brief nachgereicht.

[3] Zitiert wird im Folgenden nach der Aufzeichnung. Ausführliche Zitate aus der Sendung finden sich in der annähernd vollständigen Dokumentation der diversen Veröffentlichungen zu diesem Streit unter *www.fsk-hh.org/* (dort auch die Dokumente zu den im Folgenden dargestellten Auseinandersetzungen). Siehe auch

Andrea Woeldike, *Menschenrechtsimperialisten und Antiimps gegen Israel*, in: *Bahamas* Nr. 35 (Sommer 2001), S. 46–48.

4 Diese psychopolitische Konstellation produziert zuweilen einige Komik, wenn Forum-Radio sich zum Beispiel in seiner „Kritik der undemokratischen Strukturen" immer wieder hoffnungslos in den Fallstricken der Vereinssatzung verheddert oder das Schanzenviertel mit Schablonen-Graffiti gegen „Zensur im FSK" in Form eines mit Stacheldraht umwundenen FSK-Logos verziert, bei dem der Stacheldraht eher an eine Dornenkrone erinnert; oder wenn (im nächsten ‚Antisemitismusstreit') einer Stellungnahme „der anderen Seite" „antikommunistische und speziell antimaoistische Hetze" vorgeworfen wird.

5 Dieses wurde erst acht Wochen später und auch zunächst nur vorläufig ausgesprochen, nachdem der Moderator erklärt hatte, die Sendung sei nicht antisemitisch und er habe „keine Lust, sich damit theoretisch auseinanderzusetzen."

6 Beide Zitate aus den jeweils ersten, noch vor dem Prügelangriff erschienenen Stellungnahmen.

7 Eine ausführliche Analyse dieser Zwischenepisode von der Hamburger Studienbibliothek mit dem Arbeitstitel „Politisch korrekter Antisemitismus" wird voraussichtlich mittlerweile erschienen und ebenfalls unter *www.fsk-hh.org* auffindbar sein.

8 Paradigmatisch kommt dies in dem Flugblatt *Kein Antisemitismus im Freien Radio!* zum Ausdruck, wo gegen die Gleichsetzung der Vernichtung des Widerstandes im Warschauer Ghetto mit dem israelischen Einmarsch in Djenin lediglich eingewendet wird, sie unterschlage „den für die Kämpfe entscheidenden Unterschied, daß die JüdInnen völlig vernichtet werden sollten, während sich die PalästinenserInnen gegen eine repressive Militärpolitik wehren": Einigkeit besteht darin, daß es sich in beiden Fällen um Widerstand gegen einen übermächtigen Aggressor handelt, also darin, wer hier Täter und wer Opfer ist. Die israelische „Militärpolitik" sei „repressiv", beschwert sich darüber, daß Israel Gewalt anwendet, letztlich also darüber, daß es existiert. Hier kämpft Fischer gegen Möllemann.

9 Karl Marx, *Zur Kritik der Hegelschen Rechtsphilosophie,* in: MEW 1, S. 385.

Redaktion Bahamas

Für Israel –
Gegen die palästinensische Konterrevolution!

Einen Vorteil haben die Entgleisungen des linken Alleinunterhalters Thomas Ebermann allemal: wie kein anderer steht er für die Vermittlung von bescheidenen Theorieansätzen mit den Bedürfnissen einer sich radikal gerierenden Bewegungslinken. Er braucht nicht zu wissen, was von ihm verlangt wird, weil er Bestandteil und Stimme seines Publikums zugleich ist, so daß ganz unvermittelt aus ihm herausspricht, was wie die berühmten Mühlsteine im Märchen im Bauch des Publikums herumrumpelt und -pumpelt. Deshalb war es weder Zufall noch Kalkül, als Ebermann auf der schließlich im Skandal geendeten Hamburger Podiumsdiskussion der Zeitschrift konkret Anfang Dezember 2000 zum Nahost-Konflikt verkündete, er werde sich im Zweifel immer auf Seiten der Unterdrückten engagieren, womit natürlich die Palästinenser gemeint waren. Der gleiche Ebermann polemisierte nur fünf Wochen später in der Hamburger „Roten Flora" auf einer öffentlichen Aussprache über eine antizionistische Sendung beim freien Radiokollektiv fsk sehr gut und richtig gegen die verantwortlichen Redakteure und rechtfertigte deren Rausschmiß.

Wie bei Ebermann fällt bei Tausenden Linken eine zum Glück im letzten Jahrzehnt gestiegene Kritikfähigkeit gegenüber antisemitischen Strickmustern in der „revolutionären" oder internationalistischen Ideologie und die Beschäftigung mit den „Tatsachen" in Israel/Palästina ganz auffällig auseinander. Sobald nämlich von den „wirklichen" Verhältnissen im Nahen Osten die Rede ist, entpuppt sich der mit halbverdauten Bruchstücken aus Adorno und Postone ausgerüstete Kritiker des linken Antisemitismus als ein erbärmlicher Positivist, der seine Informationen aus der Presse und länderkundlichen Zeitschriften wie den *Blättern des iz3w* bezieht. Von der Kritik am Antizionismus bleibt dann fast nichts mehr übrig, und der scheinbare Kritiker des Antisemitismus verwandelt sich in einen praktizierenden Antizionisten, indem er empört auf „Fakten" verweist, die doch eine Unterdrückung der Palästinenser bewiesen. Folgendes Zitat etwa hätte jederzeit in der linken Presse stehen können: „Seit Anfang April versuchen Jordanien, Ägypten, Europa und die Vereinigten Staaten, eine Initiative zur Waffenruhe voranzutreiben. Die anhaltende palästinensische Gewalt aber läßt die Chancen für ihren Erfolg gering erscheinen. Von der Nation gewählt, um endlich Waffenruhe zu schaffen, sieht sich Scharon immer wieder gezwungen, militärisch zu antworten. Das bringt neue Vergeltungsakte hervor. Darum wird jetzt gefragt: Will Scharon überhaupt Waffenruhe?" (*FAZ*, 5.5.01) Die als Fetisch verehrten Fakten haben das zu illustrieren, was ohnehin für jeden immer schon klar war: zwei bewaffnete Formationen bekämpfen einander, und Israel hat die besseren Waffen. Der Israel-Berichterstatter Jörg Bremer von der *FAZ*, von dem das Zitat stammt, weiß sich mit den Lesern darin einig, daß jede offensichtliche palästinensische Aggression doch nur Vergeltung für israelische Gewalt sei – ein Bündnis zwischen Leser und Lohnschreiber, das umso unverbrüchlicher zu werden scheint, je offenkundiger die zugrundeliegenden Texte aussprechen, daß sie lügen.

Die Opfer der völkischen Mobilisierung

Die Offenheit für die Lüge, die Parteinahme für den täglichen Mord indizieren, daß viele Linke die antideutsch motivierte Kritik an Volksgemeinschaft, Antisemitismus und reaktionärem Antikapitalismus nur deshalb so schnell und bereitwillig adaptiert haben, weil sie darin die Chance witterten, ihren althergebrachten Antiimperialismus in einer unverdächtigen Form zu konservieren, die zugleich historische Kompetenz, Bescheidwissen und Problembewußtsein signalisiert, ohne daß aus dem Adaptierten Konsequenzen gezogen werden müßten. Reduziert auf die Kritik an einer metropolitanen „Täternation", d.h. in ihrem räumlichen Geltungsbereich partikularisiert und damit um ihre Tiefenschärfe gebracht, läßt sich selbst eine radikale Deutschland-Kritik wunderbar mit jener traditionellen Haltung vereinbaren, aus welcher heraus unbedingte Parteinahme für die Verlierer und spontane Solidarität mit den „wirklich" Ausgebeuteten und Unterdrückten gefordert und jede Kritik daran als „eurozentristische" Anmaßung abgefertigt wird. Aber „deutsch" ist erstens keine fixe „Eigenschaft" eines bestimmten Kollektivs, sondern bezeichnet eine gesellschaftliche Konstellation, die zweitens auch nicht auf einen bestimmten Landstrich in Mitteleuropa beschränkt ist: die Mutation einer Gesellschaft zur Selbstmordsekte, die, angefeuert von ihren Einpeitschern, vor dem eigenen ins Auge gefaßten oder zumindest geahnten Untergang zunächst den anderen die Hölle auf Erden bereitet und deren Mitglieder gerade aus der Vergeblichkeit ihrer Unternehmungen die sinistre Energie ihres Handelns beziehen. Man braucht gar nicht auf all die Letten, Ukrainer und eben Palästinenser verweisen, die sich als freiwillige Hilfstruppen der nationalsozialistischen Vernichtungspolitik andienten, um zu erkennen, daß die Deutschen ein der globalen Wertvergesellschaftung immanentes Potential aktualisierten, weshalb sich bis heute allerlei ähnlich disponierte Bewunderer und Nachahmer auf den Plan gerufen sehen, die sich das von den Deutschen erstmals exekutierte Prinzip ebenfalls zunutze machen wollen: Gleiches Elend für alle, während der kalte Haß der Zukurzgekommenen an ausgewählten Volksfeinden sich gütlich tun darf.

Die offensichtliche Zurichtung der Zukurzgekommenen zur rächenden Volksgemeinschaft, eine zu großen Teilen freiwillige Assoziation der einzelnen Verlierer zum Mob, dessen Untaten jeder Vorstellung von Emanzipation spotten wie die Steinigung von Kindern im Mai, der öffentliche Lynchmord im Oktober 2000 oder die gezielte, gewollte und bejubelte Liquidierung eines Säuglings durch Heckenschützen im April – all diese bestialischen Erscheinungen des „nationalen

Befreiungskampfes" sind also keine palästinensische Besonderheit. Der Terror der Gleichen untereinander, der jeden nationalrevolutionären Kampf bis zu einem gewissen Grad immer schon ausmachte, wird zum vollends sinnvergessenen Terror um seiner selbst willen dann, wenn kein wirkliches oder eingebildetes Ziel mehr vorhanden ist, das nach ertragener Entbehrung die Entfaltung des persönlichen Interesses auf höherer Stufe in Luxus und Individualität in Aussicht stellt. An diesem Ende ist die nationale Befreiungsideologie inzwischen weltweit angekommen und der palästinensische Kampf ist dafür das abschreckendste Beispiel überhaupt. In Palästina oder Chiapas, auf indonesischen Inseln oder in der kosovarischen Hölle kommt das Wesen „nationaler Befreiung" ganz unverstellt zur Erscheinung: die bewaffnete Konterrevolution, die sich am inneren Kollaborateur und am Feindvolk austobt. Die „Völker, die um Befreiung kämpfen", sind damit endgültig zu dem geworden, was sie potentiell immer schon waren: ein konterrevolutionäres Subjekt. Revolution ist schließlich kein Terminus technicus für das Herumgeballere bewaffneter Banden, die eine Bevölkerung in Geiselhaft genommen haben und irgendeinem völkischen Endsieg entgegeneilen. Revolution setzt sich die Entfaltung der Individuen und ihres je höchstpersönlichen Glücks auf dem geschichtlich längst ermöglichten höchsten Niveau zum Ziel. Jede levée en masse von Bewaffneten, die diesem Anspruch nicht gerecht wird, hat mit Revolution nichts zu schaffen und ist für Linke, gleich wo sie leben, unter keinen Umständen solidaritätsfähig.

Wenn in der *Bahamas* von den Palästinensern als von dem „derzeit wohl aggressivsten antisemitischen Kollektiv" gesprochen wurde, dann ist dies, genauso wie die Rede von „den Deutschen" oder der „deutschen Volksgemeinschaft", mitnichten eine positive, klassifizierende Eigenschaftszuschreibung oder gar, wie einem in böswilligem Unverstand vorgehalten wird, eine „rassistische" Qualifikation. Es handelt sich dabei vielmehr darum, einen kritischen Begriff von Verlaufsform und Resultat völkischer Mobilmachung zu gewinnen, bei der nur noch das bedingungslose Mitmachen zählt und die schließlich eine Gesellschaft hervorbringt, die sich nicht mehr nach einander entgegengesetzten Partikularinteressen, Klassen und Fraktionen sortiert, sondern in der ein als Bündnis von Mob und Elite fungierendes volksgemeinschaftliches Kollektiv gegen die äußeren und inneren Feinde in Stellung geht. So ist es also vielmehr die emphatische Rede vom „unterdrückten" und „kämpfenden" „Volk", die diesen barbarischen Mechanismus geistig verdoppelt. Im Gegensatz dazu hätten Emphase und Empathie nicht dem idealistischen Konstrukt eines „palästinensischen Volkes", sondern denjenigen zu gelten, die bei der völkischen Mobilmachung unter die Räder geraten. Das sind die Opfer ohne Lobby, denen die eigene nationale Interessenvertretung feindselig und mißtrauisch entgegentritt und für die westliche Revolutionsromantiker sich nicht erwärmen können, weil mit ihnen keine Intifada und kein letztes Gefecht zu haben ist. Das sind in den Autonomiegebieten und in den Flüchtlingslagern anderswo nun mal die Frauen, die Schwulen und Lesben, die Unpolitischen, die ein wenig Wohlstand durch Handel mit oder Lohnarbeit in Israel suchen und natürlich auch die sogenannten Kollaborateure. Ihnen wird von den Repräsentanten des palästinensischen Volkes, seien es nun Arafats Autonomiebehörden, die Hamas oder die PFLP, unterstellt, sie sabotierten wegen nationaler Unzuverlässigkeit den Freiheitskampf. In der Tat unterminiert jede der genannten Gruppen auf je verschiedene Art die nationale Sache – nicht weil sie sich verschworen hätten, sondern weil sie nur an sich selbst denken bzw. ihnen unterstellt wird, ihr alleiniges Wollen sei privat. Tatsächlich handeln die Hamas oder die Fatah als Repräsentanten einer streng völkischen Zwangsordnung nur konsequent, wenn sie Frauen, die ihren Körper teilweise unbedeckt auf die Straße tragen und damit anzeigen, daß sie noch etwas anderes außer Mutti sein könnten, unterstellen, private Wünsche zu artikulieren, die quer zur verordneten Entbehrung und zum kollektiven Kampfauftrag stehen. Noch schlimmer steht es um die Schwulen und Lesben, die wiederum für sehr private Begierden und Glücksversprechen einstehen, und das besonders dort, wo die Geschlechter aufs Penibelste geschieden leben und eine gesamtgesellschaftliche Homophilie allein als Brüderlichkeit oder Schwesterlichkeit ausgelebt werden darf, während jeder Verstoß gegen den gesellschaftlich verordneten Triebstau die verrohtesten homophoben Mordtaten nach sich zieht. Den verbotenen Verlockungen der Lust steht, kaum weniger argwöhnisch beäugt, der bürgerliche Eigennutz zur Seite. Gemeint sind jene, die sich unpolitisch verhalten, um des Fortgangs ihrer Geschäfte und des Wohlstands des eigenen Hausstands willen, Leute, die lieber Obst auf die Märkte Israels schaffen wollen als Sprengsätze, die gerne morgens mit dem Auto zur Arbeit auf Jerusalemer Baustellen fahren möchten und bei diesen Verrichtungen ein etwas schiefes Bild vom Feind gewinnen und den landesverräterischen Nachweis führen könnten, daß sich auch anders leben lasse als im selbstverordneten Dauerausnahmezustand. Sie wurden von den kämpfenden Brüdern und Schwestern seit der ersten Intifada von den Quellen des Wohlstands weitgehend abgeschnitten, denn seit der Rest der Familie Bomben auf Busse und Marktplätze wirft, kann kaum mehr geregelter Arbeit in Israel nachgegangen werden und der Handel ist fast zum Erliegen gekommen. Dennoch: Die Erinnerung an private bürgerliche Verhältnisse lebt immer wieder auf, und die Bedrohung für den Kampf, die davon ausgehen mag, wird, wo sie sich laut äußert, zusammen mit den unzüchtigen Frauen und den Homosexuellen der Kollaboration zugeschlagen.

Künstlichkeit als Fortschritt

Angesichts eines gleichermaßen verhärteten wie entfesselten Kollektivs repräsentiert das zur Abseitigkeit und Ohnmacht verurteilte Individuelle das Bessere. Dies ist ein unbedingtes Desiderat jeder Kritik des Bestehenden in revolutionärer Absicht. Jeder Versuch, die erbärmlichen Verhältnisse abzuschaffen, in denen die Menschen heute zu vegetieren gezwungen sind, bezieht sich notwendig auf das universalistische Glücksversprechen bürgerlicher Aufklärung auf ihrem historischen und d.h.: revolutionären Höhepunkt am Vorabend der Etablierung des vermeintlichen Paradieses auf Erden, der bürgerlichen Republik. Dieses Glücksversprechen ist der selbstverständliche Einsatzpunkt kommunistischer Kritik und bestimmt die Form und Richtung der Ideologiekritik bürgerlicher Subjektivität. Das abstrakte Individuum, dessen Glück und vernünftige Selbstbestimmung die bürgerliche Revolution proklamierte, konstituierte sich gegen die blinde und irrationale Gewalt der den Naturzwang unmittelbar repräsentierenden und deshalb selber noch weithin naturhaften vorkapitalistischen Gemeinwesen. Die bürgerliche Gesellschaft emanzipiert die Individuen von unmittelbaren Herr- und Knechtschaftsverhältnissen und setzt sie als freie und gleiche Subjekte. Als gegeneinander vereinzelte Einzelne, die sich immer erst post festum des Produzierens vermittels ihrer Waren aufeinander beziehen, setzt sich ihre Gesellschaftlichkeit als blindes Verhängnis durch sie hindurch und über sie hinweg. Das bürgerliche Individuum ist also immer schon Ausdruck und Agent dessen, wogegen es sich seinem Selbstverständnis nach wendet. Damit ist es wahr und unwahr zugleich: wahr, weil es sich vom Naturverband als eine sich in sich selbst reflektierende Instanz losgerissen hat, die mehr und anderes meint als bloß das biologische Einzelexemplar, und unwahr: weil gerade die abgeblendete Partikularität das Prinzip blinder Selbsterhaltung perpetuiert und das Individuum zum Funktionär eines blinden Getriebes stempelt. Daß bürgerliche Individualität demnach scheinhaft bleibt und schließlich liquidiert wird – das ist eine Diagnose, die ein kritischer Materialismus nicht achselzuckend oder mit heimlicher Befriedigung, sondern mit Empörung trifft, in der Absicht und Hoffnung, gegen eine mit Opfer und Zwang notwendig verschränkte Individualität wirkliche Individuation und das größtmögliche Glück für alle endlich durchzusetzen.

Doch auf diesem Niveau der Kritik befand sich revolutionäre Empörung nie. Stets verlangte es die Empörten nach der Identifikation mit der scheinbar archaischen und ursprünglichen Widerständigkeit eines Kollektivsubjekts, das sich nicht auf die Suche nach Glück begibt, sondern der Wiederherstellung vermeintlich uralter Rechtsverhältnisse verpflichtet ist. Die schlechte Identifizierung mit Unabhängigkeitsbestrebungen an der Peripherie ist legitimes Kind einer falschen Kritik an der bürgerlichen Vergesellschaftung, die schon Marx zeitlebens erfolglos bekämpfte, einer Kritik, die an der bürgerlichen Welt nicht die Liquidierung des Subjekts als Individuum bemängelte, sondern nach dem Motto: „Was fällt, das sollt ihr stoßen!" jene Liquidation nur noch beschleunigen half. An die Stelle von Marxens Kritik an der objektiven Gier des Kapitalisten, die er als charakterliches Introjekt des objektiven Verwertungszwangs dechiffrierte, setzten seine sozialdemokratischen und parteikommunistischen Nachfolger ein der reaktionären und lebensphilosophischen Kulturkritik ebenbürtiges Lamento über den egoistischen Menschen, der Vereinzelung, Anonymität, Gier und Laster über die Welt gebracht habe. Das bürgerliche Individuum wurde hier schon, gleichsam Heidegger vorausäffend, als Kunstprodukt, als ein seinen eigenen echten Bedürfnissen und Gefühlen entfremdetes, sie verleugnendes und ihnen zuwiderhandelndes Subjekt diffamiert, dem der wirkliche Mensch entgegenzusetzen sei. Statt in der Künstlichkeit den Fortschritt zu erkennen, die Ablösung vom Naturzusammenhang zu feiern und die völlige, weil selbstbestimmte Künstlichkeit einzufordern, wurde dem vom Kapitalismus geschaffenen und bisher einzig denkbaren Vorschein von Individualität das kollektivistische Ideal einer organischen Gemeinschaft entgegengestellt, in der von jeher alles zum Glück Erforderliche ruhe, wenn sie nur zur Ursprünglichkeit zurückfände. Hinter dem versachlichten Menschen sollte der eigentliche Mensch und gute Wilde entdeckt werden, dem unter berufener Führung zum Bewußtsein seiner „Eigentlichkeit" zu verhelfen sei: zu seinem „natürlichen" Dasein als subordiniertes Glied eines Volksganzen. Der solcherart natürliche Mensch wäre dann nicht mehr länger individuell, d.h. egoistisch, nicht mehr eingebildeter Herr der Welt, sondern Schicksalsgenosse eines in sich geschlossenen Kollektivs. So ist unter tatkräftigem Engagement seiner nur eingebildeten historischen Antagonisten das Weltbürgertum, in dem die Möglichkeit des Kommunismus schon aufschien, in ein Welthordentum umgeschlagen, in dem die Individuen fast schon zoologisch in den ihnen zugewiesenen Lebensräumen ihr Dasein fristen.

In dieser reaktionären Kapitalismuskritik, die genauso gut unter antiimperialistischen wie faschistischen Vorzeichen Verbreitung finden kann, haben die letzten Bürger keinen Platz – jene also, die ins Staatsbürgerdasein objektiv hineingezwungen wurden und aufgrund ihrer weltweiten Verfolgung, die sie als völlig Unzusammengehörige gleichwohl aneinander kettet, sich ihren weltweit zugänglichen Aufenthaltsort in Form eines Staates gegründet und dabei ein im schönsten Sinne des Wortes künstliches Gebilde geschaffen haben. Als geschichtlichen Grund kennt dieser Staat nur die Verfolgung von Menschen, die sich ansonsten wenig zu sagen gehabt hätten, die – ganz Bürger – einen Streifen Land sich käuflich angeeignet haben, auf dem sie nie zuvor waren und die in dreißig Jahren einen Staatsgründungsprozeß vollzogen haben, dessen Unnatürlichkeit sich von anderen Nationwerdungen nur deshalb so deutlich abhebt, weil man statt einiger Jahrhunderte eben nur ein Menschenalter sich verordnet hatte.

Israel: Kein Stall für Menschenhorden

Die israelische Gesellschaft hat sich vor dem Hintergrund reiner Negativität gegründet. Das Judesein als ontologische Kategorie neu zu stiften, mußte den Zionisten oder religiösen Ideologen aller Schattierungen mißlingen. Einziger plausibler Zusammenhalt war das Wissen um die eigene ewigwährende Verfolgung in den bürgerlichen Gesellschaften des Westens, aber auch den arabischen des Nahen Ostens. Aus diesem Zusammenhalt einen gesellschaftlichen zu machen, ein loyales Staatsvolk also, wäre ein Ding der Unmöglichkeit gewesen, hätten die Juden in der Diaspora sich nicht fast automatisch in der fortschrittlichen Abteilung der alten Gesellschaften eingerichtet, in der egoistischen Hoffnung auf ein persönliches Fortkommen in Wohlstand und ohne Verfolgung. Nicht zufällig schillerte der frühe Zionismus ständig zwischen bürgerlich-nationalen und sozialistischen Ideen und stand als eine separate Unternehmung fortwährend zur Disposition, so lange die Möglichkeit der Weltrevolution greifbar war und damit auch die Aufhebung der jüdischen Sonderrolle in Aussicht stand. Die Niederlage der Weltrevolution in den Jahren 1917 bis 1920 und die Gründung neuer, offen antisemitischer Nationalstaaten in Osteuropa (Polen, Ungarn, Rumänien, der slowakische Teil der Tschechoslowakischen Republik und die baltischen Staaten) zwang immer mehr Juden, die Hoffnung auf Normalisierung in der bürgerlichen Gesellschaft oder gar auf sozialistische Aufhebung der antisemitischen Verhältnisse aufzugeben. Der Traum von einer freien Gesellschaft mußte in die zu schaffende Heimstatt übertragen werden, wo in der Tat eine jüdische Staatsgründung in weltbürgerlicher Absicht gelang. Ein buntscheckiges Sammelsurium von – jeweils jüdisch ausgeprägten – nationalen Kollektiveigenschaften polnischer, russischer, deutscher oder holländischer Charakteristik stieß aufeinander und richtete sich ein in einer Region, in der weder Staat noch Kapital eine entscheidende Rolle spielten, sondern personale Herrschaft und eine agrarische, vom Grundeigentum beherrschte Produktionsweise. Die vollständige Überwindung der einzelnen nationalen Kollektiveigenschaften sephardischer, aschkenasischer, ost- und westeuropäischer sowie orientalischer und afrikanischer Prägung dürfte einzigartig und höchstens mit der Entstehung der US-Gesellschaft vergleichbar sein, allerdings abzüglich der dortigen Dominanz eines angelsächsischen Puritanismus. Das jüdische Weltbürgertum, für das die israelische Gesellschaft mit ihren dauernden Neueinwanderungen steht, hat zu keinem Zeitpunkt jenen miefigen nationalen Provinzialismus aus sich hervorgebracht, wie er in so vielen spätgegründeten Kleinstaaten anzutreffen ist. Denn gerade das, was die antisemitischen Übelwoller Israel dauernd nachsagen: Es sei ein Staat, der seine Staatsbürger allein auf Grundlage des Blutsrechts definiere, trifft in keiner Weise zu. So offen grotesk die Debatten über afrikanische Juden, die jedenfalls schwarz sind, über sowjetische Juden, die möglicherweise gar keine jüdischen Vorfahren haben, sondern lediglich ihre Dokumente fälschten, so die Frage, ob ein Großvater väterlicher- oder mütterlicherseits fürs Judesein nun ausreiche, zweifellos sind – es handelt sich dabei lediglich um notwendige und bittere Folgeerscheinungen des tatsächlichen Blutsrechts, das die deutschen Antisemiten zur Perfektion getrieben hatten und das zwischen Mord und Überleben reinlich zu scheiden wußte. Weil die Staatsbürger Israels in ihrer Mehrheit über keine gemeinsame Siedlungstradition mit den dazugehörigen Provinzialismen verfügen, die vom interessierten nationalistischen Ideologen dann rasch zu Kollektiveigenschaften ausgebaut werden können und zugleich Religion und religiöse Gebräuche schon vor der Staatsgründung immer mehr an Bedeutung einbüßten, kann Israel als einziges Land in der Welt für sich beanspruchen, ein kosmopolitisches Staatswesen zu sein, das beständig unter Beweis stellt, daß es noch etwas anderes gibt als die im Stall eingepferchte Menschenhorde – unter feinsinnig Formulierenden auch gerne Heimat genannt. Israel ist damit die einzige nicht zwingende Heimat im Sinne der üblichen Wesenszuschreibungen und doch zugleich eine erfolgreich relativ repressionsfrei angeeignete und komplett neu geschaffene Republik, die sich anscheinend in ihren Widersprüchen wohlfühlt. Nirgendwo sonst wird so offen das Improvisierte und stets neu zu Stiftende des Gemeinwesens betont. Auf keine andere Gesellschaft fällt so deutlich ein Abglanz des bürgerlichen Glücksversprechens, wenn auch der israelische Staat als Staat es nicht wird einlösen können. Kein Staat gemahnt so sehr an die Notwendigkeit, die Welt aus den Angeln zu heben und die auf der Insel Israel geglückte Überwindung des schlecht Partikularen in die Welt hinaus zu tragen. Dieser künstliche Staat mit seiner künstlichen Gesellschaft wird nicht deshalb so befehdet, weil sich in der Region Leute eines höheren Vergesellschaftungsgrads gegen andere durchgesetzt hätten, sondern deshalb, weil diesem Staat in aller Offenheit und aller Widersprüchlichkeit noch etwas von der Möglichkeit der Befreiung aus der kapitalistischen Vergesellschaftung innewohnt.

Daher rührt die dauernde Aggression, der nagende Haß, das tiefsitzende Mißtrauen der traditionellen Linken, die von den Palästinensern nicht lassen können, weil sie das Paradox Israel nicht verstehen wollen. Der Verdacht, die Juden hätten ihren Staat gegründet, um sich illegitimerweise ein Stück des Himmels zu erobern, es besser zu haben als die barbarisch werdenden Nationalkollektive, schlägt um ins Ressentiment. Eine Gesellschaft von Individuen – soweit kapitale Vergesellschaftung so etwas eben zuläßt –, die als eine der ganz wenigen in diesem Jahrhundert die Sache mit der nationalen Befreiung ernstnahm und deswegen einen übernationalen Staat gegründet hat; die wegen dieses Ziels auf die Versprechungen des bäuerlichen Sozialismus keinen Pfifferling gegeben hat und nach der sich bald abzeichnenden Niederlage der urbanen kosmopolitanen Revolution sich sinnvollerweise darauf verlegte, als Wiedergänger der sympathischsten Seiten des Bürgertums zu reüssieren – all dies paßt in die primitiven Weltbilder des leninistisch-stalinistisch-maoistisch geeichten Antiimperialismus natürlich nicht hinein. Zwar schmückt sich keiner mehr mit den Ikonen des bäuerlich-völkischen Staatssozialismus, aber seine Essenz, das ethnisch homogene Wertschöpfungskollektiv, das sich nur noch von Schädlingen und Wesensfremden zu befreien trachtet, ist als barbarisches Ideal so sehr in den Köpfen nicht nur der Linken präsent, daß alle Gegenbilder schon zwanghaft der Denunziation anheimfallen. Kein Wunder, daß Israel aus guten Gründen jedem antiimperialistischen Kampf mißtraute und aus der berechtigten Ahnung, daß jede Volksbefreiungsbewegung nach 1945 mindestens so antikapitalistisch wie antisemitisch ist, in Form des allseits gehaßten Geheimdiensts Mossad das seine tat, um solchen völkischen Bewegungen den Sieg zu vermasseln.

Solidarität mit Israel

War Auschwitz das Dementi des aufklärerischen Glücksversprechens, so ist Israel – das Gemeinwesen, das die gerade noch einmal Davongekommenen ins Leben riefen – die Gestalt gewordene Erinnerung an jenes zuschanden gegangene Glücksversprechen, die einer kapitalistischen Welt schon durch ihre Existenz vor Augen hält, daß sie mit der völkischen Barbarei, zu der es sie naturwüchsig treibt, nicht ganz zum Ziel gekommen ist. Auch deshalb zieht Israel wahlweise den Neid oder den Haß aller anderen auf sich: den nachbürgerlichen Gesellschaften des Westens, die in der Verquickung zunehmend kommunitaristisch ideologisierter Bindung der Subalternen an die Standort-Region mit kollektivem Strafbedürfnis gegen gemeinschädliche Egoisten und Abweichler sich die Austreibung einer ohnehin schemenhaften Bürgerlichkeit zum Ziel gesetzt haben, stehen dabei gleichsam als ihre Avantgarde die vollends natürlichen Gemeinschaften zur Selbstverwaltung des Elends zur Seite, deren Mitglieder wohl deshalb, weil sie nie zu bürgerlichen Subjekten sich emanzipierten, zu so hemmungslosen Gemeinschaftserlebnissen fähig sind, wie sie gerade aus den palästinensischen Autonomiegebieten täglich dem innerlich gehemmten Nachbürger auf Sinnsuche per Fernsehen in die Wohnstube gesendet werden. In den Umtrieben dieser Barbarisierten, in deren Kämpfen voller Solidarität, Fanatismus und Fememord, erkennen die entkernten Subjekte der nachbürgerlichen Gesellschaften, denen das private Interesse nach Erfüllung nur noch in Gestalt eines sturen Überlebenswillens inmitten der Zwangsgemeinschaft vergönnt ist, weit eher eine Projektionsfläche nicht ausgelebter eigener

Wünsche als in einem Staat, der sich ein Parlament leistet, das ununterbrochen streitet und in dem Frauen nicht als lebende Mumien herumzustiefeln gezwungen sind. Die Solidarität mit Israel und die Ablehnung der palästinensischen Konterrevolution ist also nicht nur wegen der Verteidigung der mit kollektivem Mord Bedrohten eine Notwendigkeit. Darüberhinaus ist die Solidarität mit Israel die Entscheidung für die Erhaltung der Möglichkeit der Revolution, die, sollte das Prinzip Volkskrieg den Sieg erringen und das Ende seines unfreiwillig heftigsten Gegners, Israels, herbeiführen, ebenfalls am Ende wäre. Dieses Ende wäre – gleich, wieviel Opfer es kostet – die menschheitsgeschichtliche Besiegelung des Prinzips Auschwitz, das ja nicht nur sechs Millionen Menschen das Leben gekostet hat, sondern bedrohlich die Weltherrschaft für sich beanspruchte.

Die palästinensischen Massen haben nur eine Chance, die sie nicht ergreifen. Ihre Zukunft im emanzipatorischen Sinn liegt allein an der Seite Israels und gegen ihre Führung und die mit ihr verbündeten Staaten. Sie müßten eine Kulturrevolution radikalsten Ausmaßes veranstalten, die keine nationale Aussprache sein dürfte, sondern eine Selbstkritik in antinationaler Absicht – eine Selbstkritik, die mit der Kritik an jener verrohten und verrohenden Religion beginnen müßte, der man den Schein der Barmherzigkeit vom Gesicht reißen müßte, um das unbarmherzige Wesen dieser Zurichtungsanstalt für willenlose Volksgenossen kenntlich zu machen. Diese Religionskritik müßte anheben mit der schneidenden Kritik an Kollektivismus und Entbehrung und hätte an ihre Stelle das Lob des Individuums zu setzen, das in Luxus und Lust Erfüllung findet – die bittere Erkenntnis, daß dies unerreichbar ist, wäre der Anfang des Aufbegehrens gerade nicht gegen Israel, sondern gegen eine weltweite Vergesellschaftung, die all dies nicht zulassen will. Daß dies den palästinensischen Massen nicht gelingt, ist nicht allein ihre Schuld und liegt möglicherweise auch objektiv außerhalb ihres Könnens. Doch was in den palästinensischen Autonomiegebieten mißlingt, muß nicht im Mißlingen der Kritik an diesen Zuständen enden. Jene, die weit eher in der Lage wären, am Beispiel Israel zu erkennen, wofür die palästinensische Aggression und ihre weltweite Unterstützung steht, denen seit Jahrzehnten vorzuwerfen ist, daß sie ihre zur Kritik nie gereiften Sehnsüchte dauernd auf periphere Aufstandsbewegungen projizieren, statt das Unwesen im eigenen Land zu bekämpfen – die Linke also steht vor einer Entscheidung, deren Ergebnis darüber befinden wird, ob sie unweigerlich Teil der moralischen Weltordnung sein und von Intifada zu Intifada eilen wird, oder ob sie sich auf die Seite der Emanzipation schlägt, also parteilich für ihren prekären, unter dem Zwang der unmenschlichen Verhältnisse Staat gewordenen Ausdruck, Israel, sich einsetzt und damit gegen jedes organisierte Volkstum agitiert, nenne es sich nun deutsch oder palästinensisch.

Nachweise

Der Kommunismus und Israel (Flugblatt) Frühjahr 2002, auch in: Bahamas Nr. 38 (Frühjahr 2002), S. 15-18.

Furchtbare Antisemiten, ehrbare Antizionisten. Thesen über die linksdeutsche Ideologie, Israel und den Klassenkampf am falschen Objekt, zuerst in: Initiative Sozialistisches Forum (Hg.), *Kritik & Krise. Materialien gegen Politik und Ökonomie* Nr. 4/5 (Sommer 1991), S. 37-51.

Giftgas und Pazifismus. Zum deutschen Friedenswillen (Flugblatt) Januar 1991, auch in: Klaus Bittermann (Hg.), *Liebesgrüße aus Bagdad. Die „edlen Seelen" der Friedensbewegung und der Krieg am Golf,* Berlin 1991, S. 125-136.

Radioten im Dreyeckland, zuerst in: *konkret* 8/1991, S. 40 f.

Der antisemitische Professor und der antizionistische Agitator. Über die Aufklärbarkeit der Antisemiten, in: *Radio Dreyeckland: Antikapitalistisch, antimilitaristisch, antirassistisch, antisexistisch – jetzt auch antisemitisch?* Freiburg 1991, S. 18-25.

Andrea Woeldike / Andreas Kühne, *Der Skandal als Institution. Antisemitismus im Hamburger „Freien Sendekombinat" (FSK),* Originalbeitrag.

Redaktion Bahamas, *Für Israel - Gegen die palästinensische Konterrevolution,* zuerst in: *Bahamas* Nr.35 (Sommer 2001), S. 25 ff.

Literatur

Abosch, H., *Antisemitismus in Rußland. Eine Analyse und Dokumentation des sowjetischen Antisemitismus*, Darmstadt 1972.
Adam, H., *Sind Israel und Südafrika vergleichbar?* in: *Leviathan. Zeitschrift für Sozialwissenschaft*, H.3/1988, S. 299 ff.
Adorno, Th.W., *Negative Dialektik*, Frankfurt 1966.
Ders., *Die Freudsche Theorie und die Struktur der faschistischen Propaganda* (1951), in: Ders., *Kritik. Kleine Schriften zur Gesellschaft*, Frankfurt 1971, S. 3 ff.
Ders., *Studien zum autoritären Charakter*, Frankfurt 1973.
Ders., *Minima Moralia. Reflexionen aus dem beschädigten Leben*, Frankfurt 1979.
Ders., *Zur Bekämpfung des Antisemitismus heute* (1964), in: Ders., *Gesammelte Schriften* Bd. 20.1, Frankfurt 1986.
Ahlwardt, H., *Der Verzweiflungskampf der arischen Völker mit dem Judentum. III. Teil: Jüdische Taktik*, 1.Auflage Berlin o.J. (1891).
Al Karameh, Zeitschrift für die Solidarität mit dem Kampf der arabischen Völker und dem der drei Kontinennte, Marburg 9/1988.
Améry, J., *Der ehrbare Antisemitismus* (1967), in: Ders., *Widersprüche*, Stuttgart 1975.
Ders., *Jenseits von Schuld und Sühne. Bewältigungsversuche eines Überwältigten*, Stuttgart 1977.
Anders, G., *Die Antiquiertheit des Menschen*, Bd. 2, München 1980.
Anderson, B., *Die Erschaffung der Nation durch den Kolonialstaat*, in: *Das Argument* 2/1991, S. 197 ff..
Anderson, P., *Die Entstehung des absolutistischen Staates*, Frankfurt 1979.
Antizionistisches Komitee der sowjetischen Öffentlichkeit (Pressekonferenz), in: *Al Karamah. Zeitschrift für die Solidarität mit dem Kampf der arabischen Völker und dem der drei Kontinente*, Nr. 3, Marburg 1986.
Arendt, H., *Nach Auschwitz*, Berlin 1989.
Aufbruch. Zeitung der Sozialistischen Liga, Berlin, Nr.I/1, März 1991.

Autonome Nahostgruppe Hamburg, *Stellungnahme*, in: *Arbeiterkampf* Nr. 291 vom 8. 2. 1988, S. 36 f.

Dies./Gruppe Arbeiterpolitik, *Beiträge zur Diskussion: Zionismus, Faschismus, Kollektivschuld,* Hamburg, April 1989.

Bakker Schut, P., *Stammheim. Die notwendige Korrektur der herrschenden Meinung,* Kiel 1986.

Bauer, B., *Brief an Karl Marx vom 28. 3. 1841,* in: Pepperle, H. und I. (Hrsg.), *Die hegelsche Linke,* Leipzig 1985, S. 810.

Bering, D., *Die Intellektuellen. Geschichte eines Schimpfwortes,* Frankfurt/Berlin/Wien 1982.

Bittermann, K., *Liebesgrüße aus Bagdad. Die „edlen Seelen" der Friedensbewegung und der Krieg am Golf,* Berlin 1991.

Bieber, H.-J., *Zur bürgerlichen Geschichtsschreibung und Publizistik über Antisemitismus, Zionismus und den Staat Israel,* in: *Das Argument* 75 (1972), S. 231 ff.

Breuer, S., *Die Krise der Revolutionstheorie. Negative Vergesellschaftung und Arbeitsmetaphysik bei Herbert Marcuse,* Frankfurt 1977.

Ders., *Aspekte totaler Vergesellschaftung,* Freiburg 1985.

Broder, H.M., *Der ewige Antisemit. Über Sinn und Funktion eines beständigen Gefühls,* Frankfurt 1986.

Bröckling, U., *Die „Methode Schönhuber". Zur Technik der völkischen Demagogie,* in: Initiative Sozialistisches Forum (Hg.), *Kritik & Krise* 2/3, Freiburg 1990, S. 37 ff.

Brückner, P./Sichtermann, B., *Die Verknastung der sozialen Welt. Versuche über die RAF,* in: Dies., *Über die Gewalt,* Berlin 1979.

Bruhn, J., *Was deutsch ist. Zur kritischen Theorie der Nation,* Freiburg 1994.

Brumlik, M., *Der Anti-Alt. Wider die furchtbare Friedfertigkeit,* Frankfurt 1991.

Carlebach, E., *Vom nationaljüdischen Antisemitismus* (1934), in: Henryk M. Broder/Hilde Riecher (Hg), *Jüdisches Lesebuch 1933 – 1988,* Nördlingen 1987, S. 77 ff.

Castoriadis, C., *Die Psychoanalyse als Projekt und Aufklärung,* in: Ders., *Durchs Labyrinth. Seele, Vernunft, Gesellschaft,* Frankfurt 1981.

Chomsky, N., *Antiquierter und anämischer Antisemitismus,* in: *Semit. Die unabhängige jüdische Zeitschrift* 1/1991, S. 44 ff.

Clausewitz, C.v., *Vom Kriege*, Reinbek 1963.

Diner, D., *Israel in Palästina. Über Tausch und Gewalt im Vorderen Orient*, Königstein 1980.

Dörner, K., *Über den Gebrauch klinischer Begriffe in der politischen Diskussion*, in: Wolfgang Abendroth u.a., *Die Linke antwortet Jürgen Habermas*, Frankfurt 1968.

Enderwitz, U., *Antisemitismus und Volksstaat. Zur Pathologie kapitalistischer Krisenbewältigung*, Freiburg ²1998.

Ders., *Die Republik frißt ihre Kinder. Hochschulreform und Studentenbewegung in der BRD*, Berlin 1986.

Fenichel, O., *Elemente einer psychoanalytischen Theorie des Antisemitismus*, in: Detlev Claussen, *Vom Judenhaß zum Antisemitismus. Materialien zu einer verleugneten Geschichte*, Darmstadt/Neuwied 1987.

Flappan, S., *Die Geburt Israels. Mythos und Wirklichkeit*, München 1988.

Flores, A., *Nationalismus und Sozialismus im arabischen Osten. KP und palästinensische Volksbewegung in Palästina 1919 – 1948*, Münster 1981.

Frangi, A., Informationsstelle Palästina (Hg), *Warum die UNO Zionismus als Rassismus verurteilt...* (Palästina-Extranummer), Bonn o.J..

Fried, E., *Ist Antizionismus Antisemitismus?* in: *Merkur. Deutsche Zeitschrift für europäisches Denken* 337 (30.Jg. 1976, H.7), S. 547 ff.

Fromm, E., *Theoretische Entwürfe über Autorität und Familie. Sozialpsychologischer Teil*, in: Max Horkheimer (Hg.), *Studien über Autorität und Familie* (Paris 1936) Reprint: Lüneburg 1987.

Ders., *Arbeiter und Angestellte am Vorabend des Dritten Reiches. Eine sozialpsychologische Untersuchung*, Stuttgart 1980.

Gellner, E., *Nationalismus und Moderne*, Berlin 1991.

Grothewohl, O., *Rede im Juli 1950*, in: Ders., *Im Kampf um die einige Deutsche Demokratische Republik*, Berlin 1959.

Gruppe Internationalisten, *Befreiungsnationalismus: Ein falscher Antiimperialismus*, in: *Kritik & Krise* 2/3, 1990.

gs. (i.e. Gerhard Schmierer), *Kritische Theorie und was davon bei näherem Hinsehen übrigbleibt*, in: *Kommunismus und Klassenkampf. Theoretisches Organ des KBW*, 6.Jg. 1978, 3, S.135 f

Haug, W.F., *Der hilflose Antifaschismus. Zur Kritik der Vortragsreihen über Wissenschaft und NS an deutschen Universitäten*, Köln 1972.

Hashash, A., *Palästina: Kampf der Gegensätze. Hintergründe, innere Dynamik und Perspektiven der Intifada* (Hg. von der Redaktion Al Karamah), Gießen 1991 (= „Es gibt kein Zurück mehr" Bd. 2).

Heenen-Wolff, S., *Erez Palästina. Juden und Palästinenser im Konflikt um ein Land,* Frankfurt 1987.

Heinsohn, G., *Was ist Antisemitismus?* Frankfurt 1988.

Heller, O., *Der Untergang des Judentums. Die Judenfrage, ihre Kritik, ihre Lösung durch den Sozialismus,* Berlin 1931.

Hermand, J., Orte. *Irgendwo. Formen utopischen Denkens,* Königstein 1981.

Ders., *Der alte Traum vom neuen Reich. Völkische Utopien und Nationalsozialismus,* Frankfurt/Main 1988.

Herzl, Th., *Der Judenstaat. Versuch einer modernen Lösung der Judenfrage* (1896), Reprint: Augsburg 1986.

Heß, M., *Rom und Jerusalem, die letzte Nationalitätenfrage,* in: Ders., *Ausgewählte Schriften,* hrsg. und eingel. v. H. Lademacher, Wiesbaden o.J., S. 221 ff.

Hitler, A., *Eine 'grundlegende' Rede über den Antisemitismus* (1920), kommentiert von Reginald H. Phelps, in: *Vierteljahreshefte für Zeitgeschichte* 16.Jg. 1968, H.4, S.390ff.

Horkheimer, M., *Notizen in Deutschland 1950 bis 1969,* Frankfurt 1974.

Huhn, W., *Der Staatssozialismus der deutschen Sozialdemokratie,* Freiburg 2002.

Initiative Sozialistisches Forum (ISF), *Das Ende des Sozialismus, die Zukunft der Revolution. Analysen und Polemiken,* Freiburg 1990.

Dies., *Ulrike Meinhof, Stalin und die Juden: Die (neue) Linke als Trauerspiel (1988),* in: Dies., a.a.O., S.119-166.

Dies., *Der Theoretiker ist der Wert. Eine ideologiekritische Skizze der Krisentheorie der 'Krisis'-Gruppe,* Freiburg 2000.

Dies., *Flugschriften: Gegen Deutschland und andere Scheußlichkeiten,* Freiburg 2001.

Dies., *Dschihad und Werwolf. Die Zerstörung des World Trade Center und der barbarische Untergang der bürgerlichen Gesellschaft,* in: *Bahamas* Nr 37 (Winter 2002), S. 41-43.

Dies., *Das Konzept Materialismus,* Freiburg 2002 (www.isf-freiburg.org).

Interim, *Karam Khella, ein Antiimperialist oder ein arabischer Chauvinist?* in: interim. *Wöchentliches Berlin* – Info 148 vom 23.5.1991, S. 36ff.

Jabotinsky, V., *Die palästinensischen Araber* (1936), in: Schoeps 1983.

Kant, I., *Zum ewigen Frieden. Ein philosophischer Entwurf* (1795), in: Des., *Werkausgabe*. Hrsg. von W. Weischedel, Frankfurt 1977, Bd. 11, S. 195 ff.

Kautsky, K., *Rasse und Judentum*. Ergänzungshefte zur Neuen Zeit 20 v. 30.10.1914.

Kaiser, P.M., *Monopolprofit und Massenmord im Faschismus. Zur ökonomischen Funktion der Konzentrations- und Vernichtungslager in Deutschland,* in: *Blätter für deutsche und internationale Politik* 5/1975.

Khella, K., *Aus dem Imperialismus abzuleitender Faschismusansatz – Zur Notwendigkeit einer neuen Faschismustheorie,* in: Intifada Publishers (Hg.), *„Ist Israel ein faschistischer Staat?" Ansätze zu einer neuen Faschismustheorie,* Marburg 1984, S.4 ff.

Ders., *Brief an die Deutschen,* Hamburg 1989.

Kolakowski, L., *Die Antisemiten. Fünf keinesfalls neue Thesen als Warnung* (1956), in: Ders., *Der Mensch ohne Alternative. Von der Möglichkeit und Unmöglichkeit, Marxist zu sein,* München/Zürich 1984, S. 187ff.

Kurz, R., *Honeckers Rache. Zur politischen Ökonomie des wiedervereinigten Deutschland,* Berlin 1991.

Loewenstein, R. M., *Psychoanalyse des Antisemitismus,* Frankfurt 1967.

Löwenthal, L., *Falsche Propheten. Studien zur faschistischen Agitation,* in: Ders., *Schriften 3: Zur politischen Psychologie des Autoritarismus,* Frankfurt 1982.

Machover, M./Offenberg, M., *Der Zionismus und sein Popanz. Eine Antwort an die ‚linken' Zionisten,* in: *Probleme des Klassenkampfs* Nr. 19/20/21 (1975), S. 299 ff.

Marenssin, E., *Stadtguerilla und soziale Revolution. Über den bewaffneten Kampf und die Rote Armee Fraktion,* Freiburg 1998.

Marx, K., *Debatten über das Holzdiebstahlsgesetz* (1842), in: *MEW* 1, S.109 ff, Berlin 1976.

Ders., *Grundrisse zur Kritik der politischen Ökonomie (Rohentwurf)*, Berlin 1974.

Melcher, H., *Nix save America*, in: *Stadtzeitung für Freiburg* H. 4/ 1991.

Meinhof, U.M., *Drei Freunde Israels* (1967), in: Die Würde des Menschen ist antastbar. Aufsätze und Polemiken, Berlin 1980, S.100 ff.

Nahostgruppe Freiburg, *Der Zionismus und der Volksaufstand in Palästina*, Flugblatt, Februar 1988.

Dies., *Zum Kampf des palästinensischen Volkes*, in: *blätter des IZ3W 150*, Juni 1988, S. 42 ff.

Nicosia, F. R., *Ein nützlicher Feind. Zionismus im nationalsozialistischen Deutschland 1933 – 1939*, in: *Vierteljahreshefte für Zeitgeschichte* 3/1989.

Offenberg, M., *Kommunismus in Palästina – Nation und Klasse in der antikolonialen Revolution*, Meisenheim 1975.

Pohrt, W., *Ausverkauf. Von der Endlösung zu ihrer Alternative*, Berlin 1980.

Ders., *Die Freunde des bewaffneten Kampfes und ihre politische Praxis*, in: Ders., *Zeitgeist, Geisterzeit. Essays und Kommentare*, Berlin 1986.

Ders., *Der Weg zur inneren Einheit. Elemente des Massenbewußtseins BRD 1990*, Hamburg 1991.

Poliakov, L., *Vom Antizionismus zum Antisemitismus*, Freiburg 1992.

Radikale Linke, *Die Diskusion um die Bedrohung Israels: Krieg, um Schlimmeres zu verhüten?* in: Dies., *Flugschrift Radikale Linke: „Kriegsende, Vorkriegszeit"*, Hamburg, März 1991, S. 6 ff.

Radio Dreyeckland, *„Wie sieht so ein freies Radio eigentlich von innen aus?" Das freie, antikommerzielle, linke Regionalradio: Geschichte, Aufbau, Programm*, Freiburg 1991.

Reader, *Zum Streit um den Bubis-Kommentar der ‚Freunde der Guten Zeit'*, Hamburg 1999.

Rose, J., *Israel – der Terrorstaat. Amerikas Wachhund im Nahen Osten* (Hg. von der Sozialistischen Arbeitergruppe), Frankfurt 1991.

Rosenberg, A., *Der Mythus des 20. Jahrhunderts. Eine Wertung der seelisch-geistigen Kämpfe unserer Zeit*, München 1934.

Ders., *Der staatsfeindliche Zionismus*, München 1938.

Rotermundt, R., *Verkehrte Utopien. Nationalsozialismus – Neonazismus – Neue Barbarei*, Frankfurt 1980.

Scheit, G., *Der neue Führer. Streitgespräch*, in: *konkret* 3/2000.

SDS Heidelberg, *Aufruf zur Palästina-Demonstration am Montag, 20. 2. 1970* (= Rote Kommentare).

J.S. (Schmierer, Joscha), *Der Kolonialcharakter des israelischen Staates*, in: *Kommunismus und Klassenkampf*, 2. Jg. 1974.

Schoeps, J. H. (Hg), *Zionismus. Texte zu seiner Entwicklung*, Dreieich 1983.

Spehl, H., *Die Fortzeugung des Behemoth. Erwägungen zu einer integralen Wiedergutmachung*, Freiburg 1978.

Uthmann, J. v., *Was ist ein Volk? Warum der Weltsicherheitsrat zögert, den Kurden zu helfen*, in: *Frankfurter Allgemeine Zeitung* vom 13. April 1991.

Venohr, W., *Die roten Preußen. Vom wundersamen Aufstieg der DDR in Deutschland*, Erlangen 1989.

Wiesenthal, S., *Der Groß-Mufti von Jerusalem*, Salzburg 1947.

Wallerstein, I., *Die Konstruktion von Völkern: Rassismus, Nationalismus, Ethnizität*, in: Balibar, E./Wallerstein, I., *Rasse, Klasse, Nation. Ambivalente Identitäten*, Berlin 1990.

Wehrle, A., *Es gibt keine Ökonomie der Endlösung*, in: *links. Sozialistische Zeitung* Juli/August 1988, S.33 f.

Wildcat, *Klassenkampf, Zionismus und Nationalstaat*, in: *Wildcat* 55 (Mai/Juni 1991), S. 37 ff.

Zimmermann, W., *Die proletarische Theorie der bürgerlichen Revolutionäre als revolutionäre bürgerliche Theorie des Proletariats, oder: Die neuen Ritter von der traurigen Gestalt*, in: *Politikon. Göttinger Studentenzeitschrift* 43 (1974).

Zuckermann, M., *Gedenken und Kulturindustrie. Ein Essay zur neuen deutschen Normalität*, Berlin/Bodenheim 1999.

Das Institut für Sozialkritik Freiburg e.V.

ist ein im Januar 1996 gegründeter gemeinnütziger Verein, dessen Zweck darin besteht, die materialistische Aufklärung organisatorisch und finanziell zu unterstützen, insbesondere die Veranstaltungen der Initiative Sozialistisches Forum und die Veröffentlichungen des ça ira - Verlages. Der Verein ist berechtigt, steuerabzugsfähige Spendenbescheinigungen auszustellen.

Hiermit erkläre ich meinen Beitritt zum Institut für Sozialkritik Freiburg e.V., und zwar als (Zutreffendes bitte ankreuzen)

o Mitglied. Ich zahle

- o den **regulären Beitrag** von € **20** im Monat.
- o ich bin Schüler/Lehrling/Student/Arbeitslos/Rentner etc. pp. und zahle daher den **ermäßigten Beitrag** von € ..... im Monat (nach Selbsteinschätzung, jedoch mindestens € **12,50** im Monat).
- o ich bin Schüler/Lehrling/Student/Arbeitslos/Rentner etc.pp. und zahle daher den **Mindest-Beitrag** von € ..... im Monat (nach Selbsteinschätzung, jedoch mindestens € **7,50** / Monat. Ich verzichte damit auf die mir beim regulären oder ermäßigten Beitrag kostenlos zustehenden Neuerscheinungen).
- o **Fördermitglied**. Ich zahle mindestens € **250** im Jahr, und zwar € ....
- o Ich spende einmalig € ....
- o Ich möchte die Vereinssatzung haben.

Mitglieder, die den *regulären* oder *ermäßigten* Beitrag bezahlen, und *Fördermitglieder* erhalten sämtliche Neuerscheinungen des ça ira-Verlages kostenlos. Bei weiteren Bestellungen können *alle* Mitglieder einen Rabatt in Höhe von 50 % in Anspruch nehmen.

Name   Vorname
Straße
Postleitzahl
Ort
Telefon
E-mail

Meinen Beitrag / meine Spende habe ich auf das Konto Nr. 2260 45 - 756 bei der Postbank Karlsruhe (BLZ 660 100 75) überwiesen.

Ort   **Datum**   **Unterschrift**

ISF • Postfach 273 • 79002 Freiburg • tel.: 0761 / 37939 • fax: 37949
isf-e.v@t-online.de • www.isf-freiburg.org

ça ira-verlag
postfach 273
79002 freiburg
tel.: 0761 / 37 939
fax: 0761 / 37 949

isf-e.v@t-online.de
www.isf-freiburg.org

Matthias Küntzel
Djihad und Judenhaß
Über den neuen antijüdischen Krieg

Matthias Küntzel weist nach, daß der Antisemitismus nicht nur eine Beigabe zum modernen Djihadismus darstellt, sondern dessen Kern ausmacht. Im Zentrum steht die 1928 in Ägypten gegründete Organisation der „Muslimbrüder", die im Kontext der Weltwirtschaftskrise die Idee des Djihad und die Todessehnsucht des Märtyrers neu entdeckt und die die wichtigsten gegenwärtigen Djihad-Bewegungen – al-Qaida und Hamas – maßgeblich inspiriert hat. Der Wahn der Islamisten generiert einen antijüdischen Krieg, in welchem nicht nur alles Jüdische als böse, sondern zugleich alles Böse als jüdisch halluziniert wird: Der „große Satan" wird nicht nur wegen seiner Unterstützung für Israel, sondern als das imaginäre Zentrum einer materialistisch-egoistischen (und ergo: jüdischen) Weltordnung bekämpft.

2002 • 180 Seiten • 13,50 € • ISBN 3-924627-06-1

Gerhard Scheit
Die Meister der Krise
Über den Zusammenhang von Vernichtung und Volkswohlstand

Hier geht es um einen Gedanken, der auch in einem einfachen Satz ausgedrückt werden kann: Der Wohlstand in den Nachfolgestaaten des Nationalsozialismus und darüber hinaus der ganzen westlichen Nachkriegswelt hat die Vernichtung zur Voraussetzung, die von den Deutschen organisiert worden ist.

2001 • 224 Seiten • 18 € • ISBN 3-924627-70-3

Gerhard Scheit
Verborgener Staat, lebendiges Geld
Zur Dramaturgie des Antisemitismus

1999 • 600 Seiten • 29 € • ISBN 3-924627-63-0

BAHAMAS

Die Zukunft der palästinensischen Massen im emanzipatorischen Sinn liegt allein an der Seite Israels und gegen ihre Führung und die mit ihr verbündeten Staaten. Sie müßten eine Kulturrevolution radikalsten Ausmaßes veranstalten, die keine nationale Aussprache sein dürfte, sondern eine Selbstkritik in antinationaler Absicht – eine Selbstkritik, die mit der Kritik an jener verrohten und verrohenden Religion beginnen müßte, der man den Schein der Barmherzigkeit vom Gesicht reißen müßte, um das unbarmherzig unmenschliche Wesen dieser Zurichtungsanstalt für willenlose Volksgenossen kenntlich zu machen. Diese Religionskritik müßte anheben mit der Kritik von Kollektivismus und Entbehrung und hätte an ihre Stelle das Lob des Individuums zu setzen, das in Luxus und Lust Erfüllung findet – die bittere Erkenntnis, daß dies unerreichbar ist, wäre der Anfang des Aufbegehrens gerade nicht gegen Israel, sondern gegen eine weltweite Vergesellschaftung, die all dies nicht zulassen will. Was den palästinensischen Massen nicht gelingt, ist nicht allein ihre Schuld und liegt möglicherweise auch objektiv außerhalb ihres Könnens. Doch was in den palästinensischen Autonomiegebieten mißlingt, muß nicht im Mißlingen der Kritik an diesen Zuständen enden.

Die BAHAMAS erscheint 3 bis 4 mal im Jahr.
Sie kostet pro Heft 4 EUR (auch Briefmarken).
Das aktuelle Heft oder Nachbestellungen bei:

BAHAMAS, Postfach 62 06 28, 10796 Berlin
Telefon: 030 / 623 69 44
mail@redaktion-bahamas.org
www.redaktion-bahamas.org

Tjark Kunstreich
Ein deutscher Krieg
Über die Befreiung der Nation von Auschwitz

ça ira-verlag
postfach 273
79002 freiburg
tel.: 0761 / 37 939
fax: 0761 / 37 949

isf-e.v@t-online.de
www.isf-freiburg.org

Den Deutschen war es egal, warum ausgerechnet dieser Krieg geführt werden mußte. Viel wichtiger war, daß es wieder einmal gegen die Serben ging, daß überhaupt Krieg geführt wurde, endlich ein deutscher Krieg. Darin unterschieden sich die Untertanen nicht von ihren gewählten Führern. Daß Deutschland, um Krieg führen zu können, mit seiner Vergangenheit abrechnen mußte und umgekehrt Krieg führen mußte, um mit der Vergangenheit abrechnen zu können, und daß diese Abrechnung nur von den Vertretern der 68er Generation hat vorgenommen werden können, gehört mittlerweile zum Standard linker Einsichten, die sich allerdings nur am Rande dafür interessieren, wie es dazu kam.

1999 • 88 Seiten • 6 € • ISBN 3-924627-64-9

Joachim Bruhn
Was deutsch ist
Zur kritischen Theorie der Nation

Adornos bittere Bemerkung, ein Deutscher sei ein Mensch, der keine Lüge aussprechen könne, ohne sie tatsächlich zu glauben, war ein Tropfen auf den heißen Stein des gesunden Volksempfindens. Was als Kritik gemeint war und als Intervention, ist zur „Frankfurter Schule" verkommen und biedert sich an. Die linken Intellektuellen haben das Einfache, das nur schwer zu machen ist – die staaten- und klassenlose Weltgesellschaft – theoretisch liquidiert, damit sie sich endlich, im Verein mit dem Klassenfeind von einst, um die „nationale Identität" sorgen dürfen. Deutschsein, das ist wieder, nach der Methode Goebbels/Weizsäcker, Schicksal und Auftrag zugleich. Und dabei bereitet es doch in Wahrheit gar keine geistige Mühe, auf die Frage, was deutsch ist, die Auskunft zu erteilen: Herrschaft, Verwertung, Vernichtung.

1994 • 185 Seiten • 12 € • ISBN 3-924627-38-X

Initiative Sozialistisches Forum
Flugschriften
Gegen Deutschland
und andere Scheußlichkeiten

Kommentare zur Zeit und die Bilanz der typisch deutschen Misere, die man nicht ktitisieren kann, ohne den Blick in diesen Abgrund an Aufklärungsverrat bis zum biteren Ende auszukosten.

2001 • 158 Seiten • 13 €• ISBN 3-924627-77-0

Initiative Sozialistisches Forum
Der Theoretiker ist der Wert
Eine ideologiekritische Skizze der Wert- und Krisentheorie der „Krisis"-Gruppe

Robert Kurz und mit ihm seine Genossen um die Zeitschrift Krisis gelten als Avantgarde einer so radikal kapitalismuskritischen wie reflektiert undogmatischen Strömung, das heißt als Protagonisten einer Neuen Linken, die weder auf die falschen Versprechungen des Stalinismus hereingefallen ist, noch den trügerischen Prophezeiungen keynesianischer oder ökologischer Reformprogramme auf den Leim zu gehen gedenkt. Es zeigt sich jedoch, daß Krisis den marxistischen Traditionalismus bis an die Grenzen strapaziert, ohne ihn überwinden zu können. Resultat dessen ist die Wiedergeburt der bolschewistischen Antike aus dem Geist einer politiksüchtigen Intellektualität, die nie gelernt hat, ihren spektakulären Vermittlungsleistungen zu mißtrauen: Der Theoretiker ist der Wert.

2000 • 120 Seiten • 12 € • ISBN 3-924627-56-8

Initiative Sozialistisches Forum
Das Ende des Sozialismus, die Zukunft der Revolution
Analysen und Polemiken

1990 • 300 Seiten • 12,50 €• 3-924627-17-7

ça ira-verlag
postfach 273
79002 freiburg
tel.: 0761 / 37 939
fax: 0761 / 37 949

isf-e.v@t-online.de
www.isf-freiburg.org